U1070987

Whole Brain Teaching for Challenging Kids

Fast Track: Seven Steps to Teaching Heaven

全脑教学与游戏教学法

（美）克里斯·比弗尔（Chris Biffle）著

中国青年出版社
CHINA YOUTH PRESS
中青文传媒

图书在版编目（CIP）数据

全脑教学与游戏教学法 /（美）克里斯·比弗尔著；罗海燕译.

—北京：中国青年出版社，2020.8

书名原文：Whole Brain Teaching for Challenging Kids: Fast Track: Seven Steps to Teaching Heaven

ISBN 978-7-5153-6069-0

Ⅰ. ①全… Ⅱ. ①克… ②罗… Ⅲ. ①教学法 Ⅳ. ①G424.1

中国版本图书馆CIP数据核字（2020）第105349号

Whole Brain Teaching for Challenging Kids: Fast Track: Seven Steps to Teaching Heaven
© Chris Biffle 2018
Simplified Chinese translation copyright © 2020 by China Youth Press
All Rights Reserved.

全脑教学与游戏教学法

作　　者：[美] 克里斯·比弗尔
译　　者：罗海燕
策划编辑：肖妧嫔
责任编辑：肖　佳
文字编辑：王诗悦　周楠楠
美术编辑：佟雪莹
出　　版：中国青年出版社
发　　行：北京中青文文化传媒有限公司
电　　话：010-65511270/65516873
公司网址：www.cyb.com.cn
购书网址：zqwts.tmall.com
印　　刷：天津光之彩印刷有限公司
版　　次：2020年8月第1版
印　　次：2020年8月第1次印刷
开　　本：787 × 1092　　1/16
字　　数：112千字
印　　张：11
京权图字：01-2018-8306
书　　号：ISBN 978-7-5153-6069-0
定　　价：39.00元

中青版图书，版权所有，盗版必究

版权声明

未经出版人事先书面许可，对本出版物的任何部分不得以任何方式或途径复制或传播，包括但不限于复印、录制、录音，或通过任何数据库、在线信息、数字化产品或可检索的系统。

FAST TRACK

目 录

Contents

FAST TRACK

前 言

Preface

伴随着我们的畅销书《全脑教学：影响全球300万教师的教学指导书》和《全脑教学与成长型思维教学》在全世界广泛流行，全脑教学走进了150个国家的充满欢乐的教室，在Facebook上获赞8万，在YouTube上有800万浏览量，全脑教学已经成为世界上最流行的教学系统之一。

《全脑教学与游戏教学法》这本书的目标很简单：通过奖励学生在学业技能和社会行为方面的进步——而不是学生在这些方面的能力，来增加学生的努力行为。

当你奖励学生的进步时，所有学生的潜力都有可能最大限度地激发出来，他们跑的是一场一定能赢的比赛……因为他们唯一的竞争对手就是他们自己。我们对之前的全脑教学策略进行了大规模的修订，《全脑教学与游戏教学法》将全脑教学的所有资源凝结成一个强大、崭新的综合系统……简洁紧凑、利于理解、充满乐趣。

21世纪的孩子们需要的不是繁杂无趣的课堂管理项目，而是能够激起他们兴趣的有创造力的教学项目。

在全脑教学里，我们不需要看得太远就能发现学生们在什么地方学得最多、学得最好。坦白地说，如果我们的教学系统开创出像视频游戏那样有吸引力的课堂活动，并将这样的课堂活动运用到教学中来，那么学校的学术成就将会得到飞速增长。事实上，我们不得不承认，孩子们的大脑更容易被平板电脑上的游戏所刺激，而不是传统的课堂。

对于成千上万的学生来说，更多高效的学习发生在移动设备前，而不是在课堂上。学生们把注意力集中在视频游戏上的时候，惊奇地展示出了年轻大脑令人震惊的学习能力。传统教育往往只调动了学生心理潜能的一小部分参与到学习中来。

为什么我们的传统教育失败了，而数字游戏制造商却获得了巨大的成功？

科学研究表明，数字游戏能有效激活孩子们的整个大脑。在玩游戏的过程中，学生们能高效调动看（视觉皮层）、听（韦尼克区）、推理（前额叶皮层）、感觉（边缘系统）和创造内部对话（布洛卡区），在他们的大脑控制器上，启动极其复杂的动作（运动皮层）。而在教室里，学生们只是双目无神地盯着……身在，心却不在。

我一直在研究和学习电子游戏，也曾对电子游戏给孩子们带来的负面影响感到沮丧……但自从我明白了游戏能让学生大脑全方面参与课堂后，我开始有意识地把游戏运用到我的课堂中。在我讲授哲学时，我把一场关于柏拉图的演讲变成了一场充满危险挑战和超级能量的多级别冒险游戏，这堂课的效果简直太棒了！

我花了20年的时间，研究了超过4万名教师与美国杰出教育家之间的紧密合作，并为学生创造了一个比任何电子游戏更具吸引力的学习系统……在全脑教学系统里，你的学生不会在电子游戏中挖掘虚构的杜布隆人或杀戮僵尸以获得游戏所需的财物储备……他们会积极主动地在课堂上积累自己的聪明才智，加强自己的批判性思维能力，提升自己的领导能力。现在，屏住你的呼吸，变得友善一些。

在这段教学旅程中，你将用全脑教学的技巧来改变你的课堂，这些技巧是由上千万的教师打磨出来的。

作为一个总体战略，你可以在下面的每一步上花大约一个星期的时间。但是，如果你是一个精力充沛的人，你可以在5～10天内就启动你的全脑教学课堂。

下面就是你将要经历的教学旅程。

第1步 唤醒动力：进步神速者游戏

第2步 品德元素：基础的课堂设置

第3步 掌握全脑教学的基础

第4步 游戏化的课堂守则

第5步 计分板游戏：释放无尽的课堂激励

第6步 改变可爱的捣蛋鬼们

第7步 激活内在的全脑力量

全脑教学从电子游戏中借鉴了最好的教学策略，因为我们想要孩子们在课堂中全身心地投入、满怀激情，整个大脑都积极参与到课堂活动中来。

问题越大，所需要的解决方案就越复杂。如果你的心脏病发作了，服用复合维生素是没有用的。医生必须打开你的胸腔，才能根治。教育也是一样的，学校迫切需要自我拯救。

如果你已经准备好对你每天面临的巨大教学问题给出一个彻底的答案，那么你就在朝我们的方向前进了。

STEP 1

Celebrate Super Improvers

第 1 步

唤醒动力

进步神速者游戏

FAST TRACK

请在阅读本章之前找一块大手帕，因为你很快就会喜极而泣。

在你的教室里制作一个巨大的、丰富多彩的进步神速者图表。进步神速者图表越大越漂亮，功能也就越强大。你会发现，我们这款令人难以置信的游戏不仅能激励学生遵守课堂守则，还能奖励那些在学业和社交技能方面有所进步的孩子，最大限度地激发这些孩子的潜力。

进步神速者游戏适用于每一个年级和每一项活动，适用于写作、数学、品格教育，也适用于学生需要掌握的每一项技能。进步神速者游戏适合每一位学生。

创建一个包含10种颜色的彩色刻度尺，一定要是漂亮而迷人的大彩色刻度尺。为每一个颜色按级别命名，可以从最不理想的级别上升到最理想的级别。我稍后就会解释为什么我们选择按速度排序的动物。我已经为背景填充了颜色，你可以根据实际情况来进行最终的选择。

1. 活传奇：游隼（金色）
2. 红鹰（银色）
3. 黑枪鱼（青铜色）
4. 猎豹（深蓝色）
5. 老虎（深绿色）
6. 狼（红色）
7. 熊猫（橙色）
8. 袋鼠（浅蓝色）
9. 企鹅（浅绿色）
10. 海龟（白色）

正如你将看到的，黑白印刷的小字体在插图中不那么清晰。你可以根据实际情况制作清晰、全彩的图案。

把每个学生的名字写在彩色刻度尺旁边的索引卡上，每个学生都从白色海龟开始！

在课程开始时，请解释进步神速者的游戏规则。当你看到学生在任何一个课堂活动中有所进步，尤其是学生懂礼貌，能用“请”“没问题”“谢谢”“不客气”等礼貌用语迅速回应他人时，奖励给他们一颗进步星。当他们得到5颗进步星时，就可以从白色海龟上升到浅绿色企鹅。如果学生将这张企鹅卡带回家，会让他们的家人都感到骄傲的。

- 游隼
- 红鹰
- 黑枪鱼
- 猎豹
- 老虎
- 狼
- 熊猫
- 袋鼠
- 企鹅
- 海龟

学生1	学生2	学生3	学生4
学生5	学生6	学生7	学生8
学生9	学生10	学生11	学生12
学生13	学生14	学生15	学生16
学生17	学生18	学生19	学生20
学生21	学生22	学生23	学生24
学生25	学生26	学生27	学生28

升级规则

海龟到企鹅：5颗星星　　狼到老虎：10颗星星
企鹅到袋鼠：5颗星星　　老虎到猎豹：20颗星星
袋鼠到熊猫：10颗星星　　猎豹到黑枪鱼：20颗星星
熊猫到狼：10颗星星　　黑枪鱼到红鹰：40颗星星

红鹰往上……很多颗星星！

（参看第18页的横向显示）

注意：卡片不会移动，只有卡片的颜色会改变。因此，当学生在他们的白色海龟卡上得到5颗星后，他们的卡片就会换成浅绿色企鹅卡片。

随着周数的增加以及学生得到的进步星的增多，进步神速的学生会随着自己的进步更好更快地成长起来。

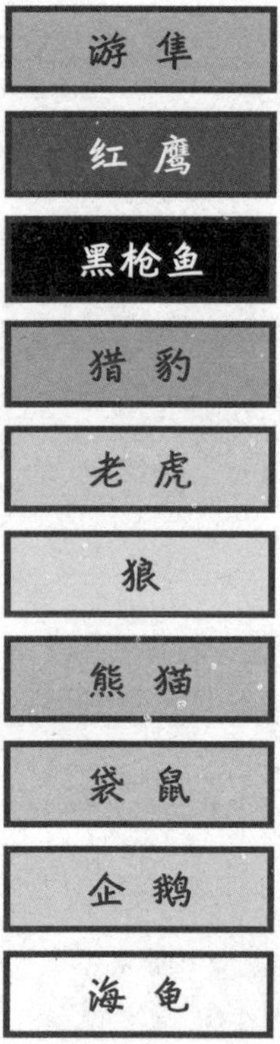

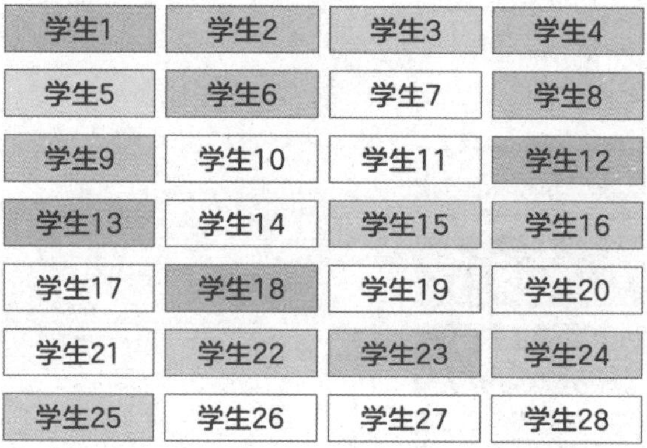

升级规则

海龟到企鹅：5颗星星　　狼到老虎：10颗星星
企鹅到袋鼠：5颗星星　　老虎到猎豹：20颗星星
袋鼠到熊猫：10颗星星　　猎豹到黑枪鱼：20颗星星
熊猫到狼：10颗星星　　黑枪鱼到红鹰：40颗星星

红鹰往上……很多颗星星！

（参看第18页的横向显示）

请注意学生5的惊人进步，她获得了50颗进步之星！这是狼的速度。进步神速者游戏用学生卡片来进行装饰，旨在释放一个强有力的观点。在你的课堂上，对学生的进步从来不奖励金钱、糖果、俗气的小玩意儿；在你的课堂上，对进步最高的奖励就是对进步的认可。

事实上，孩子们不能控制自己的智力。他们不知道自己有多聪明，但他们会控制自己的努力。学生可以很努力，也可以很懈怠。在我们的全脑教学体系中，每个学生无论天资如何、背景如何，他们都是平等的。无论成长与成功，无论能力大小，只要你有进步，你就能得到进步星的回报。

这张巨大的图表是衡量全脑教学是否卓越的关键指标，我们认为，它是教育领域最具指导性和影响力的表现方式。我们的图表解决了两个最大的难题：我们如何生动地表现学生之间努力的巨大差异，以及如何激励孩子们释放出更多的能量？每个孩子都有像游隼那样努力在知识的天空中翱翔的能力，实际上，很多时候他们却像海龟一样游手好闲地混日子。

告诉你班级的学生，任何获得了240颗进步星，上升到游隼的学生，你都会给他们拍一张照片……他们的照片将永远贴在教室的活传奇墙上。多年后，当学生们又回到他们当年的教室时，都可以看到贴在活传奇墙上自己当年的照片，这是一件多么让人高兴的事情啊！

一个优秀的孩子究竟如何才能获得240颗进步星呢？在新的一年开始的时候，教师可以慢慢地奖励进步星，之后可以更慷慨一些，然后，在考试期间，当学生需要付出最大的努力时，就可以下星星雨啦！

现在，我们来说说，为什么针对进步神速主题我们要选择根据速度排名的动物作为晋级的刻度尺。从学年初到学年底，根本的教学目标之一就是加快学生转变的步伐。孩子们经常从一项慢吞吞的海龟活动转移到另一项慢吞吞的海龟活动，而进步神速者游戏则通过根据速度不同的动物作为晋级刻度尺来有意识地引导学生加快速度向着游隼前进。

一个实行全脑教学的学校在自助餐厅里放了一个进步神速者展示板，展示着每一个学生的进步。

进步神速者联盟

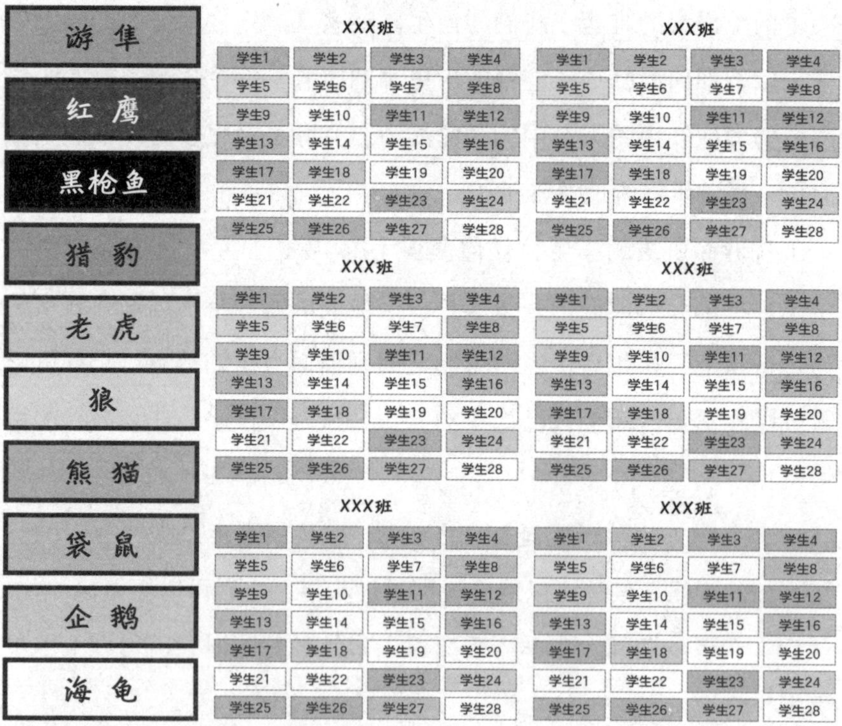

上表是包含了168名学生的进步神速者联盟表

这个进步神速者联盟表显示在一个横向自助餐厅展示板上，横跨了足足24英尺。

每一英尺代表了每小时10英里的距离。因此，从海龟（0英里/小时）到企鹅（5英里/小时）需要5颗星星。其他级别有：企鹅（5英里/小时）到袋鼠（10英里/小时）需要五颗星星；袋鼠（10英里/小时）到熊猫（20英里/小时）需要10颗星星；熊猫（20英里/小时）到狼（30英里/小时）需要10颗星星；狼（30英里/小时）到老虎（40英里/小时）需要10颗星星；老虎（40英里/小时）到猎豹（60英里/小时）需要20颗星星；猎豹（60英里/小时）到黑枪鱼（80英里/小时）需要20颗星星；黑枪鱼（80英里/小时）到红鹰（120英里/小时）需要40颗星星。每一个等级的鹰之间相隔20颗星星。从机器鹰（200英里/小时）上升到游隼（240英里/小时）需要40颗星星。

进步神速者联盟

[上面的进步神速动物正方形图片，从海龟到游隼，都可以从网站（http://wholebrainteaching.com/fasttrack/）上下载。]

XXX班

学生1	学生2	学生3	学生4
学生5	学生6	学生7	学生8
学生9	学生10	学生11	学生12
学生13	学生14	学生15	学生16
学生17	学生18	学生19	学生20
学生21	学生22	学生23	学生24
学生25	学生26	学生27	学生28

XXX班

学生1	学生2	学生3	学生4
学生5	学生6	学生7	学生8
学生9	学生10	学生11	学生12
学生13	学生14	学生15	学生16
学生17	学生18	学生19	学生20
学生21	学生22	学生23	学生24
学生25	学生26	学生27	学生28

XXX班

学生1	学生2	学生3	学生4
学生5	学生6	学生7	学生8
学生9	学生10	学生11	学生12
学生13	学生14	学生15	学生16
学生17	学生18	学生19	学生20
学生21	学生22	学生23	学生24
学生25	学生26	学生27	学生28

XXX班

学生1	学生2	学生3	学生4
学生5	学生6	学生7	学生8
学生9	学生10	学生11	学生12
学生13	学生14	学生15	学生16
学生17	学生18	学生19	学生20
学生21	学生22	学生23	学生24
学生25	学生26	学生27	学生28

XXX班

学生1	学生2	学生3	学生4
学生5	学生6	学生7	学生8
学生9	学生10	学生11	学生12
学生13	学生14	学生15	学生16
学生17	学生18	学生19	学生20
学生21	学生22	学生23	学生24
学生25	学生26	学生27	学生28

XXX班

学生1	学生2	学生3	学生4
学生5	学生6	学生7	学生8
学生9	学生10	学生11	学生12
学生13	学生14	学生15	学生16
学生17	学生18	学生19	学生20
学生21	学生22	学生23	学生24
学生25	学生26	学生27	学生28

我们不认为校长必须强制教师使用进步神速者游戏，这个游戏不应该带有强制性。那些采用进步神速者游戏的教师都是自愿的，我们也坚信那些没有采用这个游戏的老师会被那些想在展示板上看到自己名字的孩子们恳求采用这个游戏。

每个人，不论是学生、教师、管理员，还是访客，都能站在远离教室的角度看到学校成长的画面……班级与班级之间相互促进，孩子与孩子之间相互促进，孩子们所掌握的技能与技能之间相互促进。

就像你在教室里看到学生的白色海龟卡变成了浅绿色企鹅卡令你激动那样……你班级的学生在学校展示板上所取得的巨大成就同样会让你兴奋得心脏几乎都要跳出来。

为了确保教师们不会奖励过多或过少的进步星，每一个班级每一个星期最好奖励20 ~ 25颗进步星。因此，所有的班级在对进步的认可上都将大致相同……奖励进步星的数量最接近20 ~ 25颗的进步神速者游戏是最令人兴奋的！

每一个星期的星期五，教师们都会将他们教室里的“进步神速者”图表上显示的学生进步情况同步更新到学校大展示板上。保持当前的更新规则很简单：不要在学校大展示板上记录进步星的数量，只需要更换那些升了一级的孩子的卡片就行了。不用担心忘记更新的情况出现，相信我，你的学生在星期一肯定会主动提醒你的。

学校则可以随着时间的推进，每个星期都增加星星的数量。从每班20 ~ 25颗进步星的周预算开始。在考试期间，可以给孩子们增加大量的进步星，每个班每周最多奖励100颗。

如果你的许多同事都参与到了这个游戏中，那么每个孩子的教室进步卡也可以在学校大展示板上进行展示。就像我们前面所说的那样，用运动主题图表代替动物主题。如果艺术教师、音乐教师和其他教师每周要教100多名学生，就可以简单地给他们进步最快的学生发进步星卡，然后将这些卡片交给班主任。

游戏升级

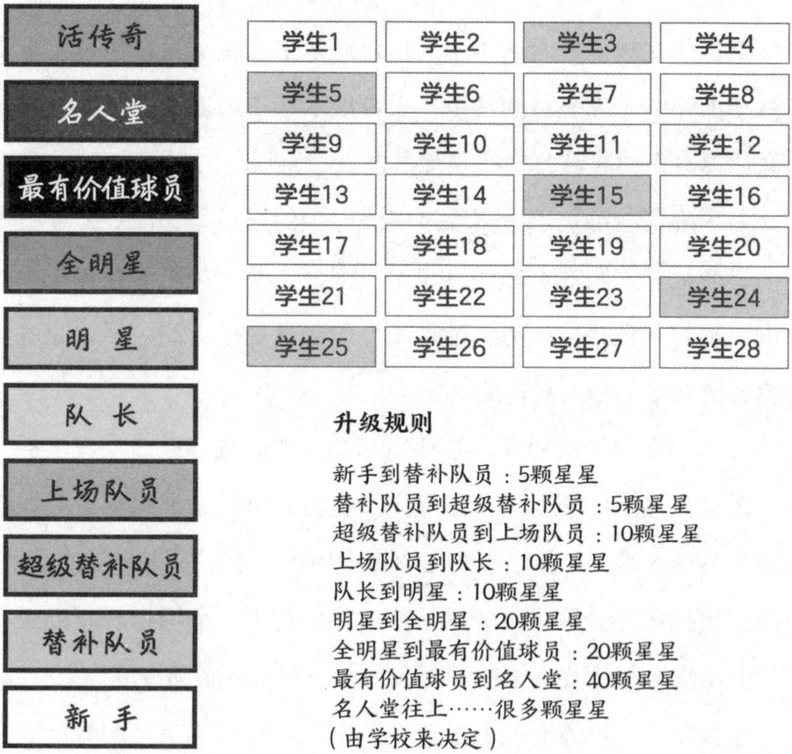

确保你马上坐下来

从第一个星期开始，在每个星期的考试中奖励进步星。当学生在考试（拼写、数学、词汇……无论什么样的考试）时，你可以静静地在教室里闲逛，同时在点名单上标上进步星，这些进步星可以奖励学生集中注意力、做正确的手势、准确找到重点标注好下划线、修正错误、绘制图表……整个学年、每一个星期都练习你希望你的孩子在年末统考中展示的技能。然后，当令人畏惧的考试来临的时候，你可以说："我不会在考试期间对你们说一个字……我不能也不需要……但你会听到我在我的点名单上标记进步星。"在这些重要的考试中，如果学生表现优秀，就可以获得5颗、10颗甚至20颗进步星！

因此，在考试期间，当你要求学生付出最大努力时，你需要很多进步星用于奖励给你的学生们。记住，要到达游隼这一级需要240颗星星。

（注：如果学生达到游隼级别，你会怎么做？继续分发进步星，创造更高的级别水平——铜游隼，银游隼，金游隼。新进班的学生怎么办呢？给他们一张和你班排名最靠后的孩子一样颜色的进步神速卡。）

考试的最初实验表明在考试过程中学生的注意力有了显著提高。

为每个年级和学生技能服务的巨大"进步神速者"图表创造了很多奇迹。低年级的学生很高兴能和六年级的学生在平等的基础上竞争。六年级的学生看到自己被低年级的学生打得晕头转向时，会有强劲的动力对竞争全力以赴。需要特殊照顾的孩子会为最终战胜所有人而欢欣鼓舞……有天赋的孩子会因为被其他人超越而感到着急。

此外，包括从礼貌行为到数学课表现的所有学校活动都可以被容纳进奖励进步的体系。如果我们想见到学生的成长，就必须要关注他们所做的一切。

欢迎来到进步神速者游戏。

在你们的课堂里，给学生最大的奖赏就是让他们有机会拥有游隼的速度和努力……这是一种必须赢得的崇高荣誉。

为了让你的学生高兴，你可以在完成学习任务、打扫卫生、排队、找座位、分发文件等活动中演示一下海龟和狼的区别。你可以向学生强调狼的速度是快速且有效，而不是草率和疯狂的。

在学生展示出狼的速度大概一天之后，在那些进步学生的海龟卡上奖励进步星。对班上每一位学生说："你们都在不断前进，有很多进步。也许很快我就会给你一个闪电般跃升到猎豹的机会。当然，要想跃升到游隼的话，进步的速度就要像大学生一样快。"

当然，你班级的学生会恳求你给他们成为游隼的机会……学生对自身进步的渴望远超你的想象。

当你的学生在进步神速者游戏中前进时，你可以通过实现新的目标来改变大家的关注点。

下面是进步神速者游戏的关键点，也是这一章最重要的部分。

进步神速者游戏是一个适用于每一个课堂活动且可以衡量学生卓越程度的度量尺。

- **书法**：让学生像海龟那样潦草地写字，然后再像狼那样工整地写字（在下面的所有情况中，将猎豹—游隼的级别水平保留到学年的晚些时候）。
- **数学故事问题**：让学生演示海龟的零努力和狼的巨大努力。
- **全脑教学课堂守则**：让学生演示海龟和狼的不同行为。
- **批判性思维**：让学生用一个词的海龟答案来回答问题，然后再用多重复句的狼答案来回答问题。
- **语言流利度**：让学生先像海龟那样慢慢地朗读，再像狼那样快速朗读。
- **理解能力**：让学生在阅读时，先像海龟那样注意力分散，不时环视房间心不在焉地阅读，然后像狼那样注意力集中，就好像书中有藏宝图一样地阅读。
- **礼貌行为**：让学生假装自己是粗鲁的海龟，然后假装自己是有礼貌的狼。
- **努力行动**：让学生先像海龟那样懒惰地进行课堂练习，然后像狼那样精力充沛地进行课堂练习。

你看到了什么？孩子们在课堂上所做的每一件事都能取得不同程度的进步：从慢、弱、分心到快、强、专注。每个学生都能在课堂活动中有所进步，而“进步神速星”会鼓励他们的进步。

我鼓励你从简单地区分海龟和狼的行为开始……当你真的需要

最高、最激励人的标准时，我建议你保留猎豹目标，特别是在圣诞节后保留游隼目标。

在这里我想劝告一句：也许，你有一种对学生良好行为的强烈渴望。也许，你已经被传统方式所训练，习惯性地去关注你最聪明的孩子。现在，请尽最大努力阻止这样的情况发生。请打开一盏新灯，奖励学生的成长和进步……否则，如果只有那些行为礼貌、表现优异的学生才能得到认可，那么当他们知道没有同学和他们竞争之后就会懈怠。我相信这一定不是你想要的结果。事实上，对你的优等生来说，他们最大的动力是让他们努力跟上那些成长更快的同学的进步速度。对其他所有学生来说，最好的激励就是让他们相信自己正处在一场能够持续获胜的比赛中……他们唯一的竞争对手就是他们自己。

此外，如果塔莎的妈妈抱怨："为什么我的女儿没有得到最多的进步星？她的阅读水平比其他孩子高出两个年级水平！"你需要做好充足准备来应对，请冷静地回答她："这是真的……如果塔莎不开始努力成长的话……明年，她将只会高出其他孩子一个年级水平。这门课上有一些学生，远没有塔莎聪明，但他们学习非常努力。到了高中，塔莎可能会落在他们后面。"

绘制一份努力图表

就像前面所说的那样，我们的目标是通过奖励学生在学习技能和社会行为方面的进步——而不是奖励学生的能力，来增加他们的努力。进步神速者游戏展示了如何建立一个进步刻度尺。为了不断奖励学生在“进步神速者”游戏中所付出的努力，教师可以在教室的每张课桌上粘贴一张“努力图表”，或者将其作为学生资料中的固定资料进行分发。

在进行任何课堂活动——阅读、写作、数学、小组作业、礼仪的练习时，请随时携带红色和绿色标记笔在教室里来回走动。当你观察到不太理想的行为时，在海龟到熊猫之间（你认为合适的地方）画上一个红色的计数标记。当你观察到值得称赞的努力行为时，在狼到红鹰之间（你认为合适的地方）画上一个绿色的计数标记。在一天快结束的时候，统计学生们的红色和绿色标记数量。如果绿色分数超过红色，那么学生获胜的每一分都能相应得到一颗进步星。例如，玛丽亚总共有5个红色标记和7个绿色标记。在她的进步神速者卡片上，她会得到两颗进步星（7–5=2）。努力图表将每一项课堂活动都转化为一场学生的成长奖励竞赛。

为了让这款进步神速者游戏更加刺激，你可以携带一个紫色的标记笔，专门对像游隼一样的进步行为进行标记。每一个紫色标记都会获得三倍的进步星……哇喔！

努力图表

名 字：__________
日 期：__________

“首领雄鹰”

____
____
____

游隼
像薪酬是100美元/分钟
那样去努力工作

 **正常的努力** 比付出最大的努力少	**极大的努力** 像薪酬是100美元/小时那样努力工作 
 **微弱的努力** 工作的努力程度远远低于自己的能力	**崇高的努力** 展示卓越的进步 
 **零努力** 身在，而心不在	**战无不胜的坚毅** 展现自身进步 

在一天中的任何时候，学生都可以进行自我评价，用努力图表来给自己的表现打分。他们可以简单地在能够表明他们自我评估的

盒子里放一个X。

正如你将在第2步中所看到的那样，“首领雄鹰”代表最高的道德理想。对一些学生来说，“首领雄鹰”可能是像马丁·路德·金、塞萨尔·查韦斯或罗莎·帕克斯这样著名的领袖。对其他学生来说，“首领雄鹰”可能是家庭成员。为了激励学生，教师可以鼓励学生在他们的努力图表上写下他们的心目中“首领雄鹰”所代表的名字以及一些励志的话。

如果你想让进步神速者游戏符合你的课堂主题，如海洋、超级英雄、圆点小动物……那么只需改变进步神速者图表中的名字，但要把它们按照级别从最低到最高的顺序进行排列。无论如何，学校里的每个人都应该使用相同的颜色刻度尺……尽管标签可以有所变化。在学校的展示板上，张贴一个按颜色升级的颜色刻度尺，以取代用动物、运动等方式的命名标准。

神奇的骰子

当我们积极参与到有趣的活动（玩游戏、吃东西、听音乐、锻炼）当中时，大脑边缘系统深处的杏仁核秘密控制着掌管我们快乐情绪的多巴胺。非常有趣的是，当不确定什么时候有奖励，而且不能保证一定会有奖励的时候，大脑杏仁核会产生更多的多巴胺。

每个游戏都包含着不确定的奖励。我们投篮、下棋、玩大富翁游戏时，刺激大脑杏仁核产生多巴胺的不是成功或失败本身，而是我们最终是否会成功或失败这样的不确定性。如果人类不沉溺于这种不确定的奖励，我们就会在没有网的情况下打网球，篮球筐就会像垃圾桶一样大。如果一款游戏太简单，而且缺乏不确定性的奖励，那么世界上就没有什么比这样的游戏更无聊的事情了。拉斯维加斯是大脑杏仁核活跃的天堂。赌徒们总结道，使他们上瘾的不是赢，而是想赢的行动……是他们“是否会赢”的这种让人兴奋的不确定性。

在你的教室里，为了激活多巴胺的这种“不确定奖励”的惊人力量，你可以买一对大的泡沫骰子，最好是圆角的骰子，因为它们可以滚来滚去。然后，试着开始滚动骰子。

作为对你那位进步显著学生的特殊奖励，你们两人可以一人掷一个骰子。如果这个学生掷骰子的数字比你高，她每赢一分，就会赢得一颗进步星。例如，你掷的是3，塔莎掷的是5。她就会赢得2颗进步神速星（5-3=2）。哦，太令人兴奋了，每一个学生都在欢呼，就像孩子们从来没有看到过滚动的骰子一样！

更棒的还有“金色砂砾”游戏，这是一款非常强大的游戏，应该等到圣诞节后学生精力下降的时候再玩。每当学生表现出明显的进步时，把他们的名字放在一个华丽的金箔纸覆盖的进步神速宝箱里。在每个周末，写两个学生的名字放进去。第一个学生琼尼赢得了一颗额外的进步神速星，然后再和你玩“石头、剪刀、布”游戏……如果她赢了，她将获得另一颗进步神速星。哇喔！

第二个被你写下名字的学生丹尼赢得了两颗额外的进步神速星，并且在和你玩“石头、剪刀、布”游戏时又赢了两颗进步神速星。奖励翻了一倍哦！

你点出了第三个学生，怀尔德·杰克——这个星期进步最显著的孩子。杰克赢得了大奖。你把那个大的泡沫骰子递给他。杰克开始掷骰子……他掷了一个5！这个幸运的男孩获得了5颗进步星的奖励以及5次在“石头、剪刀、布”游戏中胜过你的机会。奖励有可能会变三倍哦！

在金色砂砾这个游戏中，学生们不断地被游戏中不确定的奖励所诱惑。我的名字会被放进宝藏箱里吗？我的名字会从宝藏箱里移出来吗？假设我的名字不会从宝藏箱里移出来，那我会是那个被老师选中的幸运儿吗？如果掷骰子，我会掷到哪个数字？我能在“石头、剪刀、布”游戏中赢我亲爱的老师多少次？下个星期我还会如此幸运吗？

这个公式很简单：不确定的奖励会增加学生大脑中多巴胺的分泌，让学生的参与度飙升。

清单

☑ 创建一个又大又漂亮的进步神速者展示板，从海龟到游隼。（优势：一个简单的图表就能阐明学生行为之间的巨大差距。）

☑ 把学生的名字或代表学生的数字放在海龟彩色索引卡上。（优势：创造一个奖励进步的游戏，激励所有的孩子打破个人纪录。）

☑ 遵照指令来证明海龟的速度和狼的速度之间的区别。（优势：提高进步神速者游戏中升级的速度，可以显著减少学生的破坏性行为。如果上升到游隼的机会只是偶尔作为奖励出现，那么孩子们就会珍惜这个闪电般快速上升的机会。)

☑ 在第1步开始的时候，每个班级每个星期只能遵照指令给学生个人的进步奖励20～25颗进步星。之后，由年级团队开会，决定每个星期的重点进步神速者和奖励进步星的预算。(优势：如果没有奖励进步星的预算，一些奖励过多的老师可能疯狂奖励进步星，而奖励不足的老师可能让他们的孩子认为没有人在进步。)

☑ 使用努力图表奖励学生那些在任何课堂活动中增加的努力。(优势：一个奖励学生努力的图表将课堂变成了充满乐趣的学习发电机的游戏。)

☑ 使用“神奇的骰子”游戏，大大增加学生赢取进步神速星的决心。(优势：大脑无法抗拒对不确定奖励的沉迷。)

- **全脑教学注意事项**

促使学生转变并没有特定的方式，有些教师会选择创建进步神速者展示板，有些则不会。如果你是学校管理者，请向你的教职工明确指出，与学生的努力和进步相关的指导方针有些可以协商，有些则是不容协商的。所有的教师都必须有一个增加学生努力和进步的计划，并且要有衡量努力程度的方法，这是没有任何商量余地的。如何通过全脑教学或其他方式提升学生的努力程度，这是可以协商的。

如果你是一名学校管理者，你想要的一定是一群充满活力的教育工作者，他们渴望一个巨大的变革……一所全脑教学学校将是其他学校充满希望的核心所在。学校的进步神速者展示板的美妙之处在于，那些没有参与进步神速者游戏的孩子会给老师施加压力，恳求老师让他们也参与这个游戏。参与游戏的动力将来自学生，而不是他们亲爱的校长。

进步神速者游戏的强大力量是它对学生表现的每一个衡量标准的生动再现。海龟到游隼图可以代表慢到快、马虎到整洁，F到A+，粗鲁到礼貌，刻板重复到创新，最小能量到最大能量，粗心工作到精细工作，肤浅思考到深刻思考。

举一个进步神速者升级的例子。如果学生作业达到了猎豹A水平，那么在学生达到游隼A+水平（60英里/小时到240英里/小时）之前，还有很长的距离要走。通常我们说A+比A“好一点”。事实也证明，A+是我们的最高分数，应该代表着学生极高的成就。

进步神速者游戏的关键是要把到达游隼水平的机会作为给学生的最高奖赏……然后学生也把自己付出的最大努力视为最高奖励。当孩子们向你乞求“求求你，我们可以努力写得像游隼那样完美”的时候，就意味着你已经走进了教学天堂的大门。

再来玩一次，最开始，进步神速者图表鼓励孩子们反复执行教师指令以及实现快速转变。随着时间的推移，同样的展示图表还可以代表着学生最大的努力、最深的思考、最细致的工作，以及学生完成每一项任务都需要的独特优势。

额外福利！在网站（http://wholebrainteaching.com/fasttrack/）上可以下载免费的、全彩色的进步神速者图形。

0英里/小时

5英里/小时

10英里/小时

20英里/小时

STEP 2

Nourish Character Education

第 2 步

品德元素

基础的课堂设置

FAST TRACK

教师的最高使命不是传授知识，而是帮助学生成长为有品德的年轻人。

在过去的几十年里，美国的学校培养了一大批喜欢与自己斗争的学生。正如沃特·凯利的卡通人物波戈所说，“我们遇到了敌人，这个敌人就是我们自己”。

当欲望、名利、仇恨等通过各种各样的媒体进入我们的大脑，成为我们的日常娱乐与谈资时，历史对我们的文化最严厉的判断可能是：我们的学校在教授人类品德方面失败了。

在一个孩子们花几个小时玩“第一射击手游戏”的文化中，我们没有什么值得骄傲的。对于成千上万的孩子来说，他们所认识的最友好、最支持他们的成年人每天早上都和他们亲切地打招呼，这才是真正值得骄傲的事情。

我们急需系统地教授学生良好的行为习惯。让我们教导学生努力实行日常的品德实践，而不是仅仅教授学生社会技能。

在迈上教学天堂的第2步中，我们列出了四个简单却强大的品格教育，为整个学年的教育奠定基础：

- “请”“好的”
- “谢谢你”“不客气”
- 创建一个品格俱乐部
- “首领雄鹰”的星期一

“请”“好的”

首先，告诉你的学生，每当你伸出手臂说“请”时，他们要模仿你的手势，然后回答：“好的！”

马埃斯特拉女士是非常有名的教学导师，我们在这里虚构了她的名字。马埃斯特拉女士是这样和学生开始“请”“好的”练习的：

“请”“好的”

马埃斯特拉女士：这是我们最重要的一堂课。在我的课堂上，大家需要保持讲礼貌的好习惯。每当我像这样向你们伸出手臂（伸出她的手臂），并说“请”时，你们要模仿我的手势回应“好的”！让我们试一下吧。（戏剧性地停顿——然后伸出她的手臂）看着我，请！

学生：（几个人伸出手臂进行回应）好的！

马埃斯特拉女士：这次大家像海龟一样有点慢。再来一次（伸出手臂），请讲礼貌！

学生：（更多人伸出手臂回应）好的！

马埃斯特拉女士：比上次好多了。（戏剧性地停顿——然后迅速地伸出她的手臂）做好准备，快乐学习，请！

学生：（更多人伸出手臂回应）好的！

这些日常用语将学生的大脑重新连接成礼貌的回路。我们想要什么？当然是学生自觉地懂礼貌！

为奇迹做好准备吧！对孩子礼貌地说话，很快孩子们之间的交谈也会变得礼貌起来。这种做法的确有点奇怪，但真的有效果。

可以使用进步神速动物来进行关于礼貌行为的奖励，可以偶尔向学生指出慢龟和快狼的礼貌指令之间的区别。

如果你把“请”放在一句话的后面，同时伸出手臂，那么你会发现“请”“好的”这一品格教育方法施行的效果是最好的。在前几个例子中，我用“伸出手臂”标注了这种模式。

- 看着我，请（伸出手臂）。
- 拿出你的数学书，请（伸出手臂）。
- 快排队，请（伸出手臂）。
- 在走廊里安静地走，请（伸出手臂）。

- 仔细阅读说明书，请。
- 如果你有问题，先举手，请。
- 把字写整齐，请。
- 轮流来，请。
- 把注意力集中在学习任务上，请。
- 帮忙清理一下，请。

通常，你一天可能会发出至少50个请求：做这个、做那个、做其他事……这意味着每个星期将有250个请求，每个月有1000个，每年有10 000个。如此之多，如果你有Twitter，那么你的Twitter标签便可以改为：#请求风暴。

请一定记住这一点。重复相同的大脑刺激，大脑就会对刺激产生免疫。第一天开始吃芝士蛋糕的感觉的确很棒，但吃了一个星期后，你就会渴望吃豆角了。

所以，使用“请”“好的”每隔四到五次，就要增加这种模式的多样性。

当你说出“请”时，你可以配合下面的手臂伸出姿势。

1. 快速伸出。

2. 慢慢地伸出。

3. 机械地伸出。

4. 先伸出一只手，然后再伸出另一只手。

5. 手臂抬高。

6. 手臂放低。

7. 两只手臂离得很远。

8. 手臂伸直，双手合拢。

9. 手臂伸直，双手合拢，手指摆动。

10. 手臂伸直，双手合拢，手指摆动，头也跟着快乐地摆动。

当你说出“请”时，还可以改变语调。

1. 大声。

2. 柔声 。

3. 快速。

4. 慢速。

5. 带点你认为有趣的口音。

6. 像大海那样咆哮。

7. 像愚蠢的小丑那样发出声音。

8. 讨厌的声音。

9. 像怪物那样咆哮。

10. 像婴儿那样发出声音。

10种手势加上10种声音，就有100种变化，足够教师们在课堂上变化使用。

“谢谢”“不客气”

一旦你的学生们掌握了“请”“好的”这一品德教育内容的窍门，你就可以继续向学生们介绍第二个品德教育内容“谢谢”“不客气”。事实上，在你和学生练习完上面的“请”“好的”的演练脚本后，你可以立即启动下面的版本。

“谢谢”“不客气”

马埃斯特拉女士：（伸出她的手臂）看着我，请！

学生：（伸出手臂回应）好的！

马埃斯特拉女士：每当我说“谢谢”时，我会将手放在我的胸口。你们模仿我的手势说“不客气”。让我们来试一试。（戏剧性地停顿——然后把她的手放在胸口）谢谢！

学生：（模仿她的手势）不客气！

马埃斯特拉女士：再来一次。（把她的手放在胸口）谢谢！

学生：（模仿她的手势）不客气！

马埃斯特拉女士：让我们再试一次，但是这次用像狼那样快的速度！（戏剧性地停顿——然后迅速地伸出她的手臂）始终保持良好的举止，请！

学生：（伸出手臂）好的！

马埃斯特拉女士：（把她的手放在胸口）谢谢！

学生：（将手放在心口）不客气！

在迈向教学天堂的第2步中，就像我所说的那样，要自始至终练习这些简单的日常礼貌行为。如果你听到孩子们在没有提示的情况下礼貌地称呼彼此，请不要感到惊讶，这是他们练习的结果。

在反复练习礼貌指令的过程中，将“进步神速星”奖励给那些在速度和精力方面都有进步的学生。

再看看你学过的关于延展“请”“好的”的10个不同的手势和10种不同的声音。这100种组合也可以应用于“谢谢”“不客气”。将最简单、最吸引人的模式留到你最需要它们的时候，那就是一天快结束的时候。

创建一个品格俱乐部

第三个品德教育的内容是品格俱乐部，是一个每个星期举办一次的俱乐部，孩子们在这个俱乐部里讨论一个包含三部分的问题："我们如何在学校、家里和我们的社区传播迷人的友善？"

给你班上的学生看一个日历，上面圈出了两个星期或者三个星期后的一个日期，也就是品格俱乐部召开第一次会议的时间。发自内心地告诉你的学生当你看到他们参与到项目中时你会多么兴奋。

全脑教学的品格俱乐部已经获得了了不起的成功。孩子们非常喜欢做好事。一些已经开始创建品格俱乐部的学校声称在品格俱乐部召开第一次会议的时候就有超过100名学生参加了这样的会议。

作为一个强大的动力，我们已经让俱乐部成为一个国际性的比赛，每一个参加品格俱乐部会议的学生都会为学校赢得一分，学校比分和会议的照片会发送到指定的邮箱。每个星期，所有参与的学校的分数都会张贴在我们的美好善良在线地图上。

看到孩子们努力以友善的方式来胜过其他学校，这是令人愉快的。作为一个额外的激励，教师可以奖励每一个参加你的品格俱乐部的孩子一颗进步神速星。

在你开启全脑教学快速通道的前几个星期，可以偶尔谈论一下品格俱乐部。在第一次会议的前几天，你可以向你的班级展示我们的在线地图。

达特茅斯大学发表的一份文件声称，善意的行为对身心健康有巨大的益处。众多的研究也表明，持续的友善行为不仅会增加活力和幸福感、延长寿命，还会减少抑郁、压力、焦虑以及降低血压。特别有趣的是友善的多米诺骨牌效应——“友善的正面效应会在每一个目睹这一行为的人的大脑中留下深刻印象，从而改善他们的情绪，使他们更有可能‘不断前进’，这意味着在一个人头攒动的地方做一件好事就可以产生多米诺骨牌效应，让更多人的一天变得更美好！”

“首领雄鹰”的星期一

第四个品德教育的内容是我们发明的一种非凡且能改变生命的动物。“首领雄鹰”是你所知道或听说过的最鼓舞人心的人。每个星期一开始的时候，发自内心地讲述这个人是如何强有力地指导你的生活的。在这一个星期里，你都要致力于让你的“首领雄鹰”骄傲。把她/他的照片放在教室里显眼的地方。邀请孩子们带来他们的“首领雄鹰”照片，并在每个星期开始的仪式上把这些照片添加到墙上。当你像第1步中描述的那样使用努力图表时，请鼓励孩子们增加他们的“首领雄鹰”的名字，并将激励的建议添加到图表的顶部。当一个孩子行为严重不端时，你可以这样问：“你最善良的‘首领雄鹰’会对你说些什么？”当一个孩子像游隼一样展翅高飞时，你可以这样问他：“你的‘首领雄鹰’会对你的惊人成绩有什么感觉？”

在整个大脑教学中，可能没有比“首领雄鹰”的星期一更强大、更能改变课堂的时刻了。

在第2步中介绍的四个品德教育内容，为你的班级定下了基调，请向所有学生强调最关键的一点：本学年最重要的课程将包括帮助他人。你很高兴能提高学生的阅读、写作和数学能力，但你的最高目标是与他们合作，让世界变得更美好。

清单

☑ 练习“请”“好的”“谢谢”“不客气”的反复指令。（优势：礼貌练习能改进礼貌行为。）

☑ 采用多种形式的“请”“好的”“谢谢”“不客气”的反复指令。（优势：改变手势和语调可以增加大脑的参与度。）

☑ 设定品格俱乐部第一次会议的日期。（优势：孩子自己改变他们的世界。）

☑ 每个星期一为“首领雄鹰”进行庆祝，对学生的生活进行指导。（优势：“首领雄鹰”带领学习社群的每一个成员走向最尊贵的自我。）

● **全脑教学注意事项**

当你参观一间教室时，走到前面说 :“看着我，请！”然后伸出你的手臂。不管对方的反应如何，请说 :“谢谢！”同时将手放在心口。如果孩子们的反应不一致、不迅速，请花几分钟的时间让学生模仿狼的快速以及让人愉快的反复指令。

在迷你友善俱乐部，你需要一名低年级的教师和一名高年级的教师。这两个群体代表在发电子邮件之前要把他们的观点结合在一起。

在员工休息室创建“首领雄鹰”照片墙，在关键会议开始时，邀请教师谈谈他们的“首领雄鹰”。

STEP 3

Master Whole Brain Teaching Basics

第3步

掌握全脑教学的基础

FAST TRACK

介绍第1步“进步神速者游戏”和第2步“品德教育”的卡片制作只需要花几天的时间，但打磨你的表达方式，包括像马埃斯特拉女士那样戏剧性的停顿以及100种手势与语调的不同变化会花很长的时间。教学是一门表演艺术，要像艺术家那样进行不断练习。

在迈向教学天堂的第3步中，你将学习到三种基本的全脑教学技巧：

- 吸引眼球法：集中注意力
- 大脑激发器的直接指令：镜像模拟法
- 合作学习：让学生当老师

吸引眼球法：集中注意力

当你想吸引学生的注意力时，你可以说：“同学们！”学生回答：“到！”还可以变换花样，如果你说：“同学们，中招啦！”学生们则回答：“到，中招啦！”还有许多其他可能的变化。“呦，同学们！”“同学们，沙卡拉卡！”“耶达，耶达，同学们！”，等等。在你使用“吸引眼球”这个教学方法时，大约有五分之一的时间，你需要交替使用这些有趣的花样，以防学生产生疲乏心理。

“吸引眼球”教学法的第二个重要特点是：当学生回应时，他们会双手交叉地看着你。当孩子们不能正确使用全脑教学技巧时，不要责骂他们。责骂意味着你没有带领学生进行足够的练习。

“吸引眼球”教学法变化的方式越古怪，你的孩子就会觉得越有趣。作为表现进步的奖励，为了培养学生的领导力，可以让少数学生充当游戏领导者。当你指着他们小声说“同学们”的时候，他们会用自己古怪的方式喊出“同学们—到”，去引起其他同学们的注意。

下面是马埃斯特拉女士的“同学们—到”教学法的情境对话。请注意，她把“进步神速者”游戏作为她的核心教学策略。

集中注意力

马埃斯特拉女士：我想看到狼的快速反应。（伸出她的手臂）大家注意，请！

学生：（迅速伸出手臂回应）好的！

马埃斯特拉女士：（戏剧性地停顿了一下——然后将手放在胸口）谢谢！

学生：（模仿她的手势）不客气！

马埃斯特拉女士：再来一次，狼的速度！（将手放在胸口）谢谢！

学生：（加快速度，模仿她的手势）不客气！

马埃斯特拉女士：每当我需要你们集中注意力的时候，我会说："同学们！"你们要回应："到！"让我们试试吧。（停顿，环顾教室，和学生们进行眼神交流）同学们！

学生：（许多学生回答）到！

马埃斯特拉女士：（将手放在胸口）谢谢！

学生：（将手放在胸口）不客气！

马埃斯特拉女士：同学们！

学生：到！

马埃斯特拉女士：同学们！同学们！

学生：到！到！

马埃斯特拉女士：同学们！哦，同学们！

学生：到！哦，到！

马埃斯特拉女士：（大笑）同学们！同学们！同学们！

学生：（大笑）到！到！到！

马埃斯特拉女士：现在，让我们来听听我们从来没想到过的……企鹅慢吞吞的声音。（慢慢地有气无力地说）同学们……

学生：（慢慢地有气无力地说）到……

马埃斯特拉女士：总体来说，大家做得非常棒。现在，像狼那样嚎叫……像狼那样骄傲！（将双手放在心口，大声说）哦，谢谢！

学生：（将双手放在胸口，大声说）不客气！

在课堂实验中，我们很高兴地注意到将“同学们—到”这个游戏引入课堂是很容易操作的。正如马埃斯特拉女士所展示的，孩子们会立即对他们老师的各种变化做出回应。

试试这些课堂日常活动。我在前3个的中括号“[ ]”中标注了学生的回应。

1. 哟，同学们！[哟，到！]
2. 同学们，耶！[到，耶！]
3. 耶，耶，同学们！[耶，耶，到！]
4. 同学们，快速地回应我！
5. 最近怎么样，同学们？
6. 见义勇为，同学们！
7. 同学们，摇滚吧！
8. 超级棒的同学们！
9. 聪明的同学们！
10. 同学们，好棒啊！

类似于品格教育的反复指令可以改变你的个性。

1. 女牛仔（或男牛仔）。

2. 帝国的领导者。

3. 快活的神仙。

4. 机器人。

5. 外星人。

6. 吱吱响的老鼠。

7. 嚎叫的野狼。

8. 极速亢奋的谈话者。

9. 慢条斯理的谈话者。

10. 结合任何上面的两种角色，转换角色个性，搭配两种角色的说话风格，组合成一个指令。

现在来做个计算。你有100种“请”“好的”的不同音调和手势，还有100种“同学们—到”的不同变化花样。把100种“请”“好的”的不同音调、手势和100种“同学们—到”的不同变化花样组合起来，将为你的“吸引眼球”游戏提供无限的变化和无限的供给。

使用狼型指令几天后，你会发现这种指令可能没有什么挑战性了，是时候开始介绍先进的老虎型反复指令了。强调当学生回应时，他们要立刻停止手头正在做的事情，看着你，并合上他们的双手。马埃斯特拉女士正在教三年级，下面是她的一个先进教学案例。

先进的“同学们—到”课堂游戏情境对话

马埃斯特拉女士：哦，同学们！

学生：哦，到！

马埃斯特拉女士：（合上她的双手，把她合拢的双手指向她的孩子们，并期待地扬起眉毛。少数孩子合上了他们的双手。然后，最终会有更多的学生模仿她的手势。马埃斯特拉女士并不会等着每个学生都跟着学，她知道学生们最终一定能学会。）让我们试一试老虎技巧，我想知道你是否已经准备好了。一会儿，我会让你假装在和你的邻座说话。你可以说：“耶！耶！耶！”并一遍又一遍地重复。然后，我会说：“同学们！”你需要马上以老虎那样快的速度停止说话，看着我，把你的双手合拢，就像用强力胶把它们紧紧地粘在一起！我再说一遍。你假装在和你的邻座说：“耶！耶！耶！”我会说：“同学们！”你们说：“到！”以老虎那样快的速度停止说话，看着我，把你的双手像被强力胶粘住那样紧紧合拢。（戏剧性地停下来）假装在说话……耶！耶！耶！

学生：耶！耶！耶！

马埃斯特拉女士：同学们！

学生：（很多学生快速地回应，看着她，双手合拢）到！

马埃斯特拉女士：你们现在是三年级的学生。小熊猫们，再来一次。但是要以老虎那么快的速度！耶！耶！耶！

学生：耶！耶！耶！

马埃斯特拉女士：同学们！

学生：（越来越多的学生快速回应，看着她，双手合拢）到！

马埃斯特拉女士：越来越好了！我们要保持这种练习状态。也许有一天，我将给你们一个升级到猎豹的机会，甚至是黑枪鱼的机会！一起摩擦你们的双手，告诉你们的邻座："哦，亲爱的妈妈，我想成为一条黑枪鱼！"

学生：（一起摩擦他们的双手）哦，亲爱的妈妈，我想成为一条黑枪鱼！

这种老虎式的"同学们—到"游戏需要反复练习。在每一次练习中，双手合拢，学生没有机会玩铅笔或鞋带，这是非常值得的。

大脑激发器的直接指令：镜像模拟法

直接教学法是教育领域最受欢迎而且是研究最深入的教学策略之一，它通过放大镜像词语强有力地调动学生大脑的视觉和运动皮层。几年前，我很高兴听到一位教师将我们的方法描述为"兴奋剂直接教学法"。

在课堂上，你可以对学生们说镜像词语，然后迅速举起你的手。学生回答镜像词语，然后迅速举起他们的手。然后，当你讲课的时候，你的学生们重复你的话，模仿你的手势。这个教学法的关键是要简短地说话，并做出吸引人的手势。

举个例子，你对学生们说："今天（指着教室里的时钟，然后停顿）我们要上一节激动人心的课（兴奋地挥动你的手）。我们要学习分数（指着黑板上的一些分数，然后停顿）！"每次停顿的时候，孩子们都会重复你说的话，并模仿你的手势。

下面是马埃斯特拉女士的镜像词教学法的情境对话。

镜像模拟

马埃斯特拉女士：耶，同学们！

学生：耶，到！

马埃斯特拉女士：特别注意，请（伸出手臂）。

学生：好的（伸出手臂）。

马埃斯特拉女士：谢谢（将手放在胸口）！

学生：不客气（将手放在胸口）！

马埃斯特拉女士：每当我举起手说"镜像词语"时，你们也要像狼那样警觉，举起手说"镜像词语"。然后，模仿我的手势，跟着我重复练习。（戏剧性地停顿——然后迅速举起她的手）镜像词语！

学生：（快速举起手）镜像词语！

马埃斯特拉女士：（戏剧性地指着地板）就在这里！

学生：（戏剧性地指着地板）就在这里！

马埃斯特拉女士：（环视房间）在这个房间里！

学生：（环视房间）在这个房间里！

马埃斯特拉女士：（高兴地抱着头）我们会学到很多……

学生：（高兴地抱着头）我们会学到很多……

马埃斯特拉女士：（向空中挥手）太棒了！

学生：（向空中挥手）太棒了！

马埃斯特拉女士：（兴奋地挥动手臂）有一天，我们可能会和猎鹰一起飞翔！

学生：（兴奋地挥动手臂）有一天，我们可能会和猎鹰一起飞翔！

马埃斯特拉女士：（迅速放下手）关掉镜像。

学生：（迅速放下手）关掉镜像。

马埃斯特拉女士：对以前的海龟来说还不错！！！谢谢你们（将手放在胸口）！

学生：（将手放在胸口）不客气！

对需要学生学习的概念使用记忆手势可以有效地调动学生的运动和视觉皮层，从而帮助学生建立更加牢固的记忆。例如，当你说“分数”的时候，把一个拳头放在另一个拳头上。当你说“分子”的时候，挥动上面的拳头；当你说“分母”的时候，挥动下面的拳头。

要了解核心概念的数百种手势和插图，请访问我们的网站（Power Pix at Teachers Pay Teachers：https://www.teacherspayteachers.com/store/Whole-Brain-Teaching-Official-Store）。

镜像词语这个游戏可以很容易地增强它的趣味性，只需要改变你的语调和手势。用尖利的声音说“老鼠手势”，然后做出小的手势。或者，用一个机器人的声音说“机器人的手势”，然后做出机器人的手势。或者，用一个巨大的声音说“巨大的手势”，然后做出巨大的手势。

镜像词语游戏的关键是语速要慢，动作要与镜像词语匹配。

镜像模拟（继续）

马埃斯特拉女士：同学们，大家好！

学生：到，老师好！

马埃斯特拉女士：你们双手合拢了！谢谢（将手放在胸口）！

学生：（将手放在胸口）不客气。

马埃斯特拉女士：（举起手）镜像词语。

学生：（举起手）镜像词语。

马埃斯特拉女士：动词可以是主动的（转动手臂），也可以是被动的（交叉手臂）。

学生：动词可以是主动的（转动手臂），也可以是被动的（交叉手臂）。

马埃斯特拉女士：（指着自己）我（假装把食物放进嘴里）吃。

学生：（指着自己）我（假装把食物放进嘴里）吃。

马埃斯特拉女士：（假装把食物放进嘴里）吃是一种行为。

学生：（假装把食物放进嘴里）吃是一种行为。

马埃斯特拉女士：（转动手臂）吃是一个主动动词。

学生：（转动手臂）吃是一个主动动词。

镜像词语的巨大优势就在于它涉及大脑的许多学习区域。学生们倾听你的话（韦尼克区），讲课程内容（布洛卡区），看解释性的手势（视觉皮层），模仿手势（运动皮层）……同时集中注意力（前额叶皮层），玩得开心（边缘系统）。天哪，就让我们称它为全脑教学吧。

合作学习：让学生当老师

让学生当老师是利用全脑教学进行合作学习的途径。这个方法实施的过程非常简单，传达的指令不要超过2～4句话。你拍两下手，然后大声说出："讲课！"你的孩子们拍两下手，大声回答："好的！"然后，他们转向邻座，做出大大的手势，解释你所说的话。当然，转述是一项关键的智力技能。学生只有把听到的内容翻译成自己的语言才能真正理解课程内容。

学生两人一组，扮演教师的那名学生负责总结你的课程内容并做出解释性的手势，扮演学生的那名同学则负责模仿"教师"的手势。这样的话，你很容易就能发现上课不专心的学生……他们没在做动作！你只要站在他们身边，轻声地说："做出大大的手势，请！"

当你在教室里走来走去，评估学生的理解能力时，你很容易就会知道是要重复你的课程内容，还是继续讲下一个知识点。

我们不能通过学生的面部表情来判断他们的理解力。在评估过程中，当我们发现孩子们吸收的课程内容太少时，我们常常会感到震惊。在全脑教学中，我们不是每隔几个月甚至每周测试一次，而是每隔60秒就评估一次学生的理解能力。你可以在教室里四处走动，通过听学生解释你讲的上一个概念来检查学生对知识的理解程度。

偶尔可以用有趣的转变来代替两次掌声。举个例子，你可以跳迪斯科、摸摸你的头、拍拍你的肚子、跺跺你的脚，然后说："讲课！"你的学生模仿你的古怪行为，回答："好的！"如果他们在笑，你就增加了他们的参与感，增加了游戏的趣味性。

下面是马埃斯特拉女士课堂上的情境对话。

让学生当老师

马埃斯特拉女士：加油，同学们！

学生：加油，到！

马埃斯特拉女士：（将手放在胸口）谢谢！

学生：（将手放在胸口）不客气。

马埃斯特拉女士：（伸出手臂）狼的能量……镜像词语！

学生：（伸出手臂）狼的能量……镜像词语！

马埃斯特拉女士：（指着自己）当老师上课的时候。

学生：（指着马埃斯特拉女士）上课的时候。

马埃斯特拉女士：拍两下手（拍两下手），然后说："讲课！"

学生：拍两下手（拍两下手），然后说："讲课！"

马埃斯特拉女士：拍两下手（拍两下手），然后说"好的！"

学生：拍两下手（拍两下手），然后说"好的！"

马埃斯特拉女士：（放下双手）关掉镜像！

学生：（放下双手）关掉镜像！

马埃斯特拉女士：让我们试试最后一部分。我将拍两下手，然后说："讲课！"你们也拍两下手，然后说："好！"（戏剧性地停顿……环视教室……然后迅速地拍两下手）讲课！

学生：（拍两下手）好的！

马埃斯特拉女士：（拍三下手）讲课！

学生：（拍三下手）好的！

马埃斯特拉女士：（拍四下手）讲课！

学生：（拍四下手）好的！

马埃斯特拉女士：（大笑……拍四下手，跺脚一次）讲课！

学生：（大笑……拍四下手，跺脚一次）好的！

马埃斯特拉女士：（放下双手）关掉镜像！

学生：（放下双手）关掉镜像！

马埃斯特拉女士：（将手放在胸口……特别强调）老虎谢谢！

学生：（将手放在胸口……特别强调）老虎不客气。

当学生说“好的”时，我们亲爱的教师继续向她的学生解释，他们需要转向邻座，用手势重复教师的课程内容……一遍又一遍，直到教师把他们叫回来。

下面是马埃斯特拉女士介绍“让学生当老师”关键特性的情境对话。

让学生当老师（继续）

马埃斯特拉女士：同学们，万岁！

学生：到，万岁！

马埃斯特拉女士：特别注意，请（伸出手臂）！

学生：好的（伸出手臂）！

马埃斯特拉女士：每当我拍两下手，然后说："讲课！"你们也要拍两下手，然后说："好的！"接着，转身对着你的邻座，用大大的手势，讲解我的课，直到我让你们转回来（示范完整的转身和大大的手势）。再来一次。每当我拍两下手，然后说："讲课！"你们也要拍两下手，然后说"好的！"接着，转身对着你的邻座，用大大的手势，讲解我的课，直到我让你们转回来。让我们试一试。同学们！

学生：到！

马埃斯特拉女士：（举起她的手）镜像词语！

学生：（举起自己的手）镜像词语！

马埃斯特拉女士：（一只手放在另一只手上）分数有两个部分！

学生：（一只手举过另一只手）分数有两个部分。

马埃斯特拉女士：（戏剧性地停顿……仍然一只手放在另一只手上）分数有两个部分！

学生：（一只手放在另一只手上）分数有两个部分。

马埃斯特拉女士：（放下双手）关掉镜像！

学生：（放下双手）关掉镜像！

马埃斯特拉女士：现在，当我拍两下手，然后说："讲课！"你们也要拍两下手，然后说"好的！"向你的邻座做一个完整的转身，做出分数的手势，并解释分数有两个部分。仔细听，请（伸出手臂）！

学生：好的（伸出手臂）！

马埃斯特拉女士：再来一次。当我拍两下手，然后说："讲课！"你们也要拍两下手，然后说"好的"。向你的邻座来一个完整的转身，做出一个分数的手势，一遍又一遍地解释分数有两部分。让我们试一试。（戏剧性地停顿……然后迅速地拍了两下）讲课！

学生：（快速拍两下手）好的！（一些学生听从马埃斯特拉老师的指示转向他们的邻座。她在教室里走来走去，为那些需要指导的孩子们示范如何用分数手势来相互教学。）

请注意，在她的教学情境中，马埃斯特拉女士动作非常缓慢，她强调了三个关键部分：完整地转身、使用手势和不断重复课程内容。

这种方法尤其适用于当我们教一门外语时。我们的孩子几乎很少接触我们使用的奇怪术语：分子、分母、介词、副词、主题句、文章、字母顺序、系数、情节、名词、周长，等等。掌握外语需要不断地练习。如果没有“让学生当老师”这个游戏，孩子们就只是听到奇怪的单词，没有演练的机会。

以下是全脑教学教师最喜欢的一句话：我们讲的时间越长，失去的孩子就越多。

“让学生当老师”是我们的教学分组法，将课程分解成适合大脑的片段。教学的指导原则是永远不要同时引入一个以上的新概念。例如，如果你正在讲一节关于分数的课，就一次只解释一个分数；教师可以在课堂上使用“让学生当老师”这个教学方法，听孩子们演练你的观点。

对于更高级的合作学习任务，我们只需提出一个问题，概述一个问题。然后，拍两次手说：“讲课！”学生紧接着拍两次手说：“好的！”然后深入践行协作的批判性思维。

在会议上，老师经常询问：“在‘让学生当老师’时，学生如何决定谁是老师，谁是学生？”你可以这样告诉你的学生：“无论什么时候，你们都要轮流给对方上课。当我提出我的第一个观点时，你们当中的一个做老师，用生动的手势来讲解课程内容；另一个则做学生，重复老师的课程内容和手势。下次就交换角色，老师变成了学生，学生变成了老师。”

如何安排教室座位是会议上提出的另一个话题。我们不喜欢孩子们三人以上组成一组一起学习，除非老师和他们坐在一起。我们允许四名或四名以上的学生一起学习并观察学习结果。但学习小组越大，完成的学习任务就越少。最后可能只剩下小组里一两个成员在学习，小组里其余的人都出去吃午饭了。

我们更喜欢两人一组，快的学生和慢的学生搭配。如果你有一个孩子，你叫他不情愿的罗尼，他对和同伴一起学习一点都不感兴趣，碰到这种情况的时候，你有两种选择。第一种选择是让罗尼和两个精力充沛的学生坐在一起；第二种选择是让他独自一个人坐着，用一只手教另一只手（手偶游戏），或者告诉他去教他的鞋子。令人惊讶的是，有这么多的孩子喜欢教他们的鞋子。这真可以算得上是一篇论文的好题目“通过鞋子教儿童的不同课堂策略之探索”。

现在，下面这个课堂情境对话结合了我们在步骤1、2和3中展示的技能：进步神速者游戏，品德教育游戏（“请”“好的”“谢谢”“不客气”），集中注意力游戏（“同学们—到”），镜像模拟游戏，让学生当老师游戏（“讲课—好的”）。

总　结

马埃斯特拉女士：哦哦哦，同学们！（交叉双手）

学生：哦哦哦，到！（交叉双手）

马埃斯特拉女士：在这节课结束的时候，我将把进步神速星奖励给那些努力获得进步的孩子们。兴奋地挥舞你的手，告诉你的邻座，你赢得了一些进步神速星，你是多么激动。

学生：（兴奋地挥手，告诉他们的邻座这个非常棒的“进步神速游戏”的好消息。）

马埃斯特拉女士：大家为这节分数课做好准备，请（伸出手臂）！

学生：好的（伸出手臂）！

马埃斯特拉女士：（将手放在胸口）谢谢！

学生：（将手放在胸口）不客气！

马埃斯特拉女士：（双手握拳，一个拳头放在另一个拳头上）镜像词语。

学生：（双手握拳，一个拳头放在另一个拳头上）镜像词语。

马埃斯特拉女士：（挥舞双拳）这只是一个分数。（挥舞上面的那个拳头）一个分数有两部分……只有两部分！关掉镜像（迅速放下手）！

学生：关掉镜像（迅速放下手）！

马埃斯特拉女士：（戏剧性地停顿……然后，拍两次手）像狼一样快……讲课！

学生：（拍两次手）好的！（学生们转向自己邻座，用马埃斯特拉女士的手势告诉邻座，分数只有两部分。马埃斯特拉女士在教室里走来走去，检查学生的理解能力，必要时鼓励学生转过身来，对着邻座做大大的手势。）

马埃斯特拉女士：同学们！同学们！

学生：到！到！

马埃斯特拉女士：（做出分数的手势）镜像词语！

学生：（做出分数的手势）镜像词语！

马埃斯特拉女士：（挥舞着她上边的拳头）分数中上边的数叫做分子。（停顿……然后拍两次手）讲课！

学生：（拍两次手）好的！（学生之间相互教关于分子的知识。马埃斯特拉女士在教室里走来走去，检查大家的理解程度，鼓励大家积极参与进来。）

马埃斯特拉女士：嘿，同学们！

学生：嘿，到！

马埃斯特拉女士：做得很棒。老虎式谢谢（将手放在胸口）!

学生：老虎式不客气（将手放在胸口）!

马埃斯特拉女士：现在，我们将讨论分数下边的数字。别担心。不要变成担惊受怕的企鹅！分母虽然听起来很奇怪，但是很容易理解。（做出分数的手势）镜像词语！

学生：（做出分数的手势）镜像词语！

马埃斯特拉女士：（挥舞双拳）这是一个分数。

学生：（挥舞双拳）这是一个分数。

马埃斯特拉女士：（用力挥舞两个拳头）分数有两个部分。

学生：（用力挥舞双拳）分数有两个部分。

马埃斯特拉女士：（挥舞上边的拳头）上面的数字叫做分子。

学生：（挥舞最上面的拳头）上面的数字叫做分子。

马埃斯特拉女士：（挥舞下边的拳头）下边的数字叫做分母。分母。分母。

学生：（挥舞下边的拳头）下边的数字叫做分母。分母。分母。

马埃斯特拉女士：（迅速放下双手）关掉镜像！

学生：（迅速放下双手）关掉镜像！

马埃斯特拉女士：现在，当我拍两次手说“讲课”时，你们也要拍两次手说“好的”。然后快速转身，不要用胆怯、害怕的企鹅手势……用大大的、勇敢的狼手势，甚至老虎手势，一遍又一遍地向你们的邻座解释，分数有两个部分。上边的数是分子，下边的数是分母。我想看到每个人都挥舞拳头，勇敢地使用我们的新词，分子和分母。（戏剧性地停顿——然后拍三次手）讲课！

学生：（拍三次手）好的！（学生们轮流做完整的动作，用大大的手势，教邻座分数上边和下边的数字。马埃斯特拉女士检查学生的理解程度并鼓励学生积极参与。）

马埃斯特拉女士：同学们，明星时代！

学生：到，明星时代！

马埃斯特拉女士：塔莎、杰克和马丁在用大胆的老虎手势教他们的邻座，他们在这方面表现出了真正的进步。他们每人都获得了一颗进步神速星。请为他们欢呼！

学生：（欢呼！）

马埃斯特拉女士：兴奋地和邻座握手……并告诉邻座：“我一定要成为下一个明星赢家！”

学生：（兴奋地握手，告诉他们的邻座，他们的梦想是成为下一个明星赢家。）

在这堂课剩下的时间里，我们将描述进步神速者游戏、品德教育游戏、集中注意力游戏、镜像模拟游戏、让学生当老师游戏，这将会占用我们这本书很大的篇幅。现在，我将从刚才停止的地方继续讲述合作学习，下面是马埃斯特拉女士下一个观点的缩写版本（每个观点后面都跟随着一个让学生当老师游戏）。

我们来讨论分母。

——让学生当老师

分母表示整体的大小。

——让学生当老师

这里有3个女孩。整体的女生人数是3。分母就是3。

——让学生当老师

我拿着2本书，这就是我所拥有的全部。整体的书的数量就是2。分母就是2。

——让学生当老师

看，这儿有5张桌子。整体的桌子的数量就是5。这个分数的分母就是5。

——让学生当老师

让我们来回顾一下。分数有两个部分，上边的部分是一个叫做分子的数字，分母是下边部分的数字。分母很容易理解。它只是告诉我们整体的大小。

——让学生当老师

和你的邻座谈谈3个女孩、2本书和5张桌子的分母。

——让学生当老师

现在我们来讨论分子。分子是整体的一部分。这里有3个女孩，分母是3。其中一个女孩有红色的外套，代表有红色外套的女孩的这一部分的分子是1（将一根手指放在三根手指上边）。

——让学生当老师

马埃斯特拉女士接着给出了更多课堂上有关分子和分母的例子，一次一个例子。她经常带领学生进行复习，当她注意到学生的精力和注意力有所增加时，就会给学生奖励进步神速星。

她接下来的步骤是介绍批判性思维的组成部分。学生需要应用他们所学的知识。

马埃斯特拉女士让孩子们环顾教室，找到一些整体，用他们的分数手势讨论分母。

然后，她呼吁一些学生分享他们发现的分母。

接下来，马埃斯特拉女士让孩子们再次环顾房间。她对学生们说道：“信不信由你们，我把分数都藏起来了。找出分母和分子！”

马埃斯特拉女士呼吁一些学生分享他们发现的分母和分子。

总结这一课，我们亲爱的教学导师都可以运用小组活动，使用操作性极强的分数案例，或者使用白板来探索额外的分数案例。无论马埃斯特拉女士使用怎样的教学策略，她将继续通过各种全脑教学技巧获得她的学生的注意力，这些技巧包括：有趣且变化多端的集中注意力游戏，强调礼貌重要性的品德教育游戏，积极调动学生大脑的镜像模拟游戏，把课程分为激发大脑、合作学习模块的让学生当老师游戏。在学生转述她的课程内容的同时，马埃斯特拉女士则监督学生对内容的理解，并鼓励学生进行精力充沛的点对点教学。当然，点燃马埃斯特拉女士课程的最大能量是超进步神速星燃料。

把你在这条快速通道上学到的东西想成一个圆形的可循环的路径。这里有一个插图改编自全脑教学网站（WholeBrainTeaching.com）初学者部分。

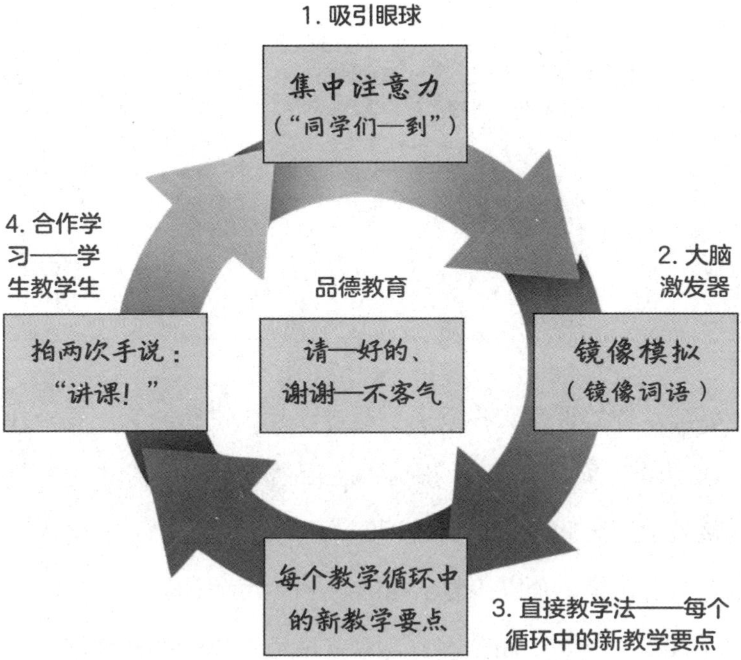

"请""好的"（和"谢谢""不客气"）是百搭牌，这个游戏适用于教学循环中的任何时候和任何地方。

为了简化全脑教学的基础课程，我们制作了如下5张索引卡、能量卡。

1. 吸引眼球	品德教育	2. 大脑激发器：镜像词语	3. 直接教学法	4. 合作学习
· 同学们 · 同学们，同学们 · 同学们……同学们 · 太逗了，同学们 · 耶、咦、呦，同学们！ · 5种以上你自己创造的不一样的方式	· 请—好的 · 谢谢—不客气	· 快速 · 慢速 · 大声 · 柔声	· 教学要点1 · 教学要点2 · 教学要点3 · 增加更多的课堂观点	· 拍2次手 · 拍3次手 · 快速拍手 · 慢速拍手 · 迪斯科舞步 · 5种以上你自己创造的不一样的方式

要演示你的课程，你只需要通过卡片来进行浏览。从卡片1“吸引眼球”中选择一个选项，然后从“品德教育”卡片中选择一个选项，接着从“大脑激发器：镜像词语”卡片中选择一个选项，再在你的课堂上选择一个直接教学法的教学要点。完成“让学生当老师”的协作过渡。尽管“品德教育”日常活动可以排列在顺序的任何地方，但对初学者来说，最简单的方法是在“吸引眼球”后面加上它们，就像马埃斯特拉女士在上面的课堂情境对话中经常做的那样。

最重要的能量卡片是直接教学法，你的教学计划和你的课程要点列表。

清单

☑ 使用多种多样的吸引眼球（同学们—到）的方式来开始你的课堂。（优势：更多样的方式，更积极的大脑参与。）

☑ 直接教学法中使用镜像模拟游戏。（优势：激活多个大脑神经区域，提高学生的参与度。）

☑ 使用让学生当老师（讲课—好的）游戏发起合作学习（优势：孩子通过彼此转述课程内容，加深了对课程内容的理解。）

☑ 使用进步神速刻度尺阐明消极课堂行为和积极课堂行为的范畴。（优势：一整天，学生们都被引导着远离无精打采的海龟/企鹅，走向激情四射的狼/老虎。）

● 全脑教学注意事项

一个重要的鼓舞士气的做法是尝试大胆的使用两个秒表的壮举。你可以走进教室，告诉孩子们你的目标是教五分钟，让老师（你）讲课和学生（他们）讲课的时间大致平分。把秒表给微笑的导师。一只秒表记录你开始和停止上课的时间；另一只秒表记录学生练习你的课程内容的时间。导师微笑是因为他们喜欢看到你处于决策位置，而不是他们。

当然，在你的课堂演示中，你会使用进步神速者游戏、品德教育游戏、集中注意力游戏、镜像模拟游戏、让学生当老师。你永远不会期望你的教师们掌握你没有实践过的教学策略。

当你在课堂上干得汗流浃背的时候，如果你达到了在老师讲课和学生的讲课时间几乎各占一半的目标，你可以打电话给你的主管要求加薪。你不仅仅是一名校长，更是一名会教学的校长。

研　究

直接教学法和合作学习的优势是众所周知的。

墨尔本大学的约翰·哈蒂博士对300多篇研究论文进行了大量的直接教学法检测。他的结论是“直接教学法的效果是探究式教学法的两倍，是问题式学习法的四倍，是整个语言教学法的十倍”。约翰·哈蒂博士的总结在网站（http://www.evidencebasedteaching.org.au/diret-instrucing-facts-myths/）上可以看到。

全脑教学的创新之处在于实现了直接教学与合作学习的快速交替。教师用镜像词语增强了直接教学法的效果，然后快速地用让学生当老师游戏（“讲课—好的”）来进行一对一的练习。

合作学习可以在小组中进行，也可以像我们所说的在学生搭档中进行。康奈尔大学的研究报告表明，积极的、社会性的、情境性的、有趣的以及学生所拥有的教育经历可以引导学生进行更深层次的学习。合作学习的优势包括：

- 培养更高层次的思维、口头沟通、自我管理和领导能力。
- 促进师生互动。
- 提高学生的记忆力、自尊心和责任感。
- 接触和增加对不同观点的理解。
- 为现实生活社会和就业情况做好准备。

在网站（https://www.cte.cornell.edu/teaching-ideas/engaging-students/collaborative-learning.html）上可以看到完整的文章。

全脑教学的方法可以增加合作学习的频率。

短的教学时间是学生学习的关键。西雅图太平洋大学（Seattle Pacific University）大脑应用学习研究中心（Brain Center for Applied

Learning Research）主任、《大脑规则》（*Brain Rules*）一书的作者约翰·马埃迪纳指出，他的学生在听了他充满活力的演讲仅仅10分钟后就开始走神了。在探讨演讲效果的研究时，他明白了“同行评议的研究证实了我的非正式调查”。一个典型的演示中，在1/4的时间结束之前，人们通常已经离开了。如果有一项业务是保持某人一直对演讲感兴趣，那么这项业务将有80%的失败率。“我们在小学课堂上的经验是，如果你讲课10分钟，你将会在9分钟前就失去学生。”

STEP 4

Gamify Classroom Rules

第 4 步

游戏化的课堂守则

FAST TRACK

第4步，在你的白板上放一个游戏列表/日程表。这份列表列出了当天的课程和促进高参与度教学的全脑教学课堂活动。这个简单的日程表解决了教育改革中的一个重大问题。为了知道下一步该做什么，教师们会浏览他们的游戏列表。第4步的日程表如下所示。在幼儿园，可以用符号标志、可供阅读的翻开的书、数学数字等来代替游戏列表。

1. 翻转
2. 早晨公告
3. **全脑教学课堂守则比赛**
4. 数学事实
5. 课间休息
6. 科学兴趣小组
7. 午餐
8. **全脑教学课堂守则比赛**
9. 写作

10. 课间休息

11. 阅读

12. 全脑教学课堂守则比赛：进步神速星！

13. 大扫除

用黑色在游戏列表中列出所有事项，用绿色突出全脑教学活动。向学生解释：玩绿色标记的游戏的学生，其水平看上去比现在的年级高两个年级……换句话说，玩绿色游戏的学生付出了惊人的努力。事实上，学生们喜欢假装自己比实际年龄要大。

在活动3和活动8全脑教学课堂守则比赛中，教师要带领学生用手势排练课堂守则。你说出每一条课堂守则的内容，并示范这个手势，然后学生们一起大声说出课堂守则，并模仿这个手势。在活动12中，在一天快结束的时候，当看到学生精力减退的时候，可以在比赛中给每个孩子都奖励进步神速星，以提高他们在全脑教学课堂守则比赛中的反应速度和能量力。

海蒂·马丁是全脑教学的工作人员，他在网站（http://goo.gl/MKPnHL）上演示了全脑教学课堂守则和手势。

课堂守则一：快速听从指令！

课堂守则二：在开口说话前请举手。

课堂守则三：在离开座位前请举手。

课堂守则四：做出明智的选择：美好的善良，领导力，勇气，战无不胜的坚毅，创造力。

课堂守则五：让你亲爱的老师开心！

钻石课堂守则：将你的注意力始终放在目标上。

将课堂守则写在你的卡片3“直接教学法”上，这样就可以迅速浏览课堂守则内容，以便提供一个组织完善的全脑教学课堂。

为了方便阅读，我把卡片3放大了。

1. 吸引眼球 ·同学们 ·同学们，同学们 ·同学们……同学们 ·太逗了，同学们 ·耶、咦、呦，同学们！ ·5种以上你自己创造的不一样的方式	品德教育 ·请—好的 ·谢谢—不客气	2. 大脑激发器：镜像词语 ·快速 ·慢速 ·大声 ·柔声	3. 直接教学法 ·课堂守则一：快速听从指令！ ·课堂守则二：在开口说话前请举手。 ·课堂守则三：在离开座位前请举手。 ·课堂守则四：做出聪明的选择：美好的善良，领导力，勇气，战无不胜的坚毅，创造力。 ·课堂守则五：让你亲爱的老师开心！ ·钻石守则：将你的注意力始终放在目标上。	4. 合作学习 ·拍2次手 ·拍3次手 ·快速拍手 ·慢速拍手 ·迪斯科舞步 ·5种以上你自己创造的不一样的方式

在卡片4之后，当学生们互相讲课的时候，教师要在教室里四处走动，评估学生对课程内容的理解能力，并鼓励孩子们用手势积极地教他们的邻座。

在幼儿园里，学生每天可以学习一条课堂守则。到了三年级，这些课堂守则要在第一天早上就学完。

花一个星期左右的时间，每天复习三次这些课堂守则。给取得进步的学生奖励进步神速星。

在下一节中，我们将更仔细地研究这些课堂守则；然后，我将解释如何将它们添加到其他游戏列表中。

课堂守则一：快速听从指令

除非你有体检合格证，否则请不要读这一节，你可能会被气坏的。请确保你的医生能够保证你的心脏可以承受住看到学生用闪电般的速度从一个课堂活动过渡到另一个课堂活动时的震惊。

20年前，当我们在加利福尼亚州的尤凯帕设计全脑教学的基本框架时，我们毫无疑问地赞同课堂管理守则一就应该是“快速听从指令”。从每一个年级的阅读、写作、数学到排队，缓慢的过渡不仅浪费时间，而且会导致混乱。如果你想要一个失控的课堂，那么去鼓励缓慢而懒散的课堂活动过渡吧，如果在很久之前你的课堂就已经这样了，那么你的孩子们将大喜若狂。

请仔细琢磨这些真相。我们的学生缓慢地打开他们的课本，因为我们从来没有花时间教他们要快速地打开课本。对任何年龄段的孩子来说，如果他们永远都是慢悠悠地拿出纸张，那么很重要的原因就是我们从来没有教他们快速地拿出纸张。我们的孩子们，日复一日，周复一周，排队总是出奇的参差不齐，因为只有当他们真正排队的时候才是教师唯一教他们如何排队的时机，而那时恰恰是我们最没有空教孩子的时间。

下面有一个简单易操作的分两个部分进行的方法，为了帮助孩子们快速听从指令，这一方法已经被成千上万的教师亲身实践。如果你想在教室里展示课堂守则海报，到全脑教学网站上下载即可。

第一部分

当你的孩子们对所有的课堂守则都有了扎实的理解后，请强烈要求学生反复练习守则一，在你不提供警示的情况下，一天可以练习多次。你说："以狼的速度！课堂守则一！"然后举起一根手指。你的学生回答："快速听从指令！"并且迅速在空中挥舞手指。不要急着进行第二个步骤，直到你的学生能够迅速且愉悦地回应你关于课堂守则一的暗示！你让这种反复练习变得越有趣，你的学生遵守课堂守则的积极性就会越高。我们全脑教学的一个座右铭就是：学习过程越有趣，学生学到的东西就越多。

当你看到个别孩子在反复执行课堂守则一的指令的速度上有所进步时，请给他们奖励进步神速星。

第二部分

教你的学生三遍重复法。你说："翻到数学书第14页！"学生一边打开数学书一边回应："翻到数学书第14页！翻到数学书第14页！翻到数学书第14页！"当学生将数学书翻到正确的页码时，你可以建议学生快速举起双手，并挥舞他们的手指，快乐地低声庆祝："耶！"学生们可以一直庆祝他们的胜利，直到你戏剧性地伸出一只手从空中划过，示意他们安静下来。

在使用三遍重复法的过程中，如果你说："在纸上写下名字！"你的学生大声回答："在纸上写下名字！在纸上写下名字！在纸上写下名字！”在学生写下他们的名字后，他们可以一直欢呼庆祝，直到你暗示他们安静下来。

我亲爱的同行，请听我说！

不要试图在铃响之前教学生排好队，因为你的时间不够。当你时间充裕时，可以让学生每天进行多次排队练习。你说：“排队！”你的学生大声回应：“排队！排队！排队！”同时通过你发明的排队方式排好队。你说：“坐下！”你的学生们大声回应：“坐下！坐下！坐下！”在他们坐下的过程中，他们可以一直欢呼庆祝。为了让学生有更多的动力参与课堂，你还可以用秒表为这些课堂活动计时。然后，在你高兴得喘不过气来的同时，你可以看到你的孩子们会快速创造新的革命性的纪录。

这样做意义重大。你让学生反复练习的程度越高，你所要求学生做的反复练习就越能让人感到愉悦轻松。你的学生在进行课堂过渡时就会越迅速。

为了保持学生们的新鲜感，你可以变换各种各样的方式，偶尔你可以说：“让我看看企鹅是如何排队的！”看着孩子们像企鹅那样磨磨蹭蹭地排队。然后，再说：“让我们看看狼是如何快速、谨慎、不撞到彼此地坐在他们的座位上的！开始！”为了享受纯粹的狼一样的快乐，孩子们会迅速坐到他们的座位上。

在经历了几天的三遍重复法练习之后，你可以聪明地说：“好吧，这是一个新的挑战。今天，我们要试试老虎式两遍重复法……也许，只是也许，有一天我们要试试黑枪鱼一步到位法！”用赞美、重复练习以及定时排练的方式让你的孩子获得进步。仔细练习这些课堂守则，过不了多久，学生就会乞求你让他们尝试黑枪鱼一步到位练习法。

请冷静一下。一个振奋人心的迹象已经出现了，那就是你正在向教师天堂靠近。

课堂守则二：在开口说话前请举手

在你讲解南北战争的课堂中，一个爱闲聊的孩子不假思索地脱口而出："什么时候可以吃午餐？！"你不假思索地脱口而出："还要我跟你说多少次你在开口说话前请举手！请举手！请举手！"你自己乖乖地配合你学生的情绪在不假思索地脱口而出。

欢迎来到炼狱一般的课堂。太多的时候，我们总是以我们不希望对待学生的方式那样对待他们。经过一年多的朝夕相处，我们自己映照出了学生的情绪冲动。我们试图用我们的熊熊怒火来扑灭孩子们的小怒火。

为什么孩子（和老师）会不假思索地脱口而出呢？从科学术语的角度来说，从大脑的边缘系统到前额叶皮层有更多的连接，反之亦然。换句话来说就是，感性控制理性比理性控制感性更容易。另一个科学的观点是：我们大脑中的镜像神经元决定着我们所能观察到的模仿行为。你对我不假思索地脱口而出，我也对你不假思索地脱口而出，诸如此类。听到那边教室的那些人相互冲着彼此叫喊了吗？这就是教学上炼狱般的繁忙生活。

如果责骂能改善孩子的行为，我们就不会有调皮捣蛋的孩子了。我们难管教的学生们整天都在大喊大叫。他们在家里遭受责骂，在学校也遭受责骂……在这期间，他们甚至互相责骂。但事实上，责骂并不能改变学生的行为。如果责备孩子能够将他们转变成模范学生，那我就可以写很多畅销书了，比如《责备就像赞美一样》（*Scold Like a Pro!* ）、《有力责备的五个秘密》（*The Five Secrets of Power Chastisement* ）、《如果他们没哭，那他们就不会成功：一个曾经的糖果派的忏悔录》（*If They're Not Crying, They Didn't Get It: Confessions of a Former Sweetie Pie* ）。

如果责备不会改变学生的行为，那应该怎么办？练习。你可以设想一下，在两个网球教练中，你可以自由地选择你喜欢的教练。一个网球教练因为你不好的打球技巧责备你，另一个网球教练帮助你练习好的击球技巧。哪一个教练会提高你的打球水平？作为教师，不知道如何处理难控制的学生或者班级？那就请让学生练习良好的行为。

下面是全脑教学系统中的教学方法，它分两部分进行。在将喜欢不假思索地脱口而出的学生转变为讲话之前先举手的学生这一点上，这个方法在美国学校的课堂管理中试验了十余年。（作为一种补充说明，我将描述同样的教学策略如果用在那些学生没得到教师允许就四处走动的课堂上会是什么样的效果。）

第一部分

在开学的第一周或第二周快结束的时候，你应该带着学生每天复习课堂守则三次……就像你在游戏列表中所标注的那样。

在学生已经掌握了课堂守则一之后，你就要开始重点强调课堂守则二，这是课堂中断的首要原因。在你不提供警示的情况下，一天可以练习很多次。你可以大声说："狼速！课堂守则二！"你的孩子们回应："在开口说话前请举手。"同时以狼一样快的速度，将一只手伸向空中，然后迅速收回伸出去的手，将其放在嘴边，用他们的手指做出要说话的姿势。如果学生的回应太慢了，你可以说："这有点像熊猫。你们中有些人甚至像呜咽的袋鼠！让我们再试一次。"让这个练习变得有趣一些。就像在开篇章节中所阐述的那样，你还可以使用多种多样的语调和手势。学生模仿有趣的语调和手势会让这些练习变得更加有趣。请确保每一个学生的镜像神经元都感觉到快乐。

第二部分

在开学第三周快结束的时候，你的大部分学生都将牢记课堂守则二。然后，你可以说："大家在课堂守则二方面已经做得非常到位了，但是现在让我们看看你们如何帮助你的课堂小伙伴来遵守这一守则。我将假装我在讲话。雷纳尔多，你在不举手的前提下来打断我的讲话，并说'我有一只新小狗'。"（雷纳尔多是你认为最阳光、最勇敢的孩子。）

你随意就某个主题说了几句话，并冲着雷纳尔多点头。他打断了你："我有一只新小狗！"向他表示祝贺，这是多么典型的脱口而出！

你接着说："同学们，让我们再练习一遍。但是，这次在雷纳尔多打断我的时候，我将会说‘课堂守则二，狼的速度……甚至老虎的速度’，你们要做出相应的手势来回应，同时大喊‘在开口说话前请举手！’”

你开始若无其事地讲话，雷纳尔多开始不假思索地脱口而出：“我有一只新小狗。”你立即打断他，对着全班学生说：“课堂守则二。”你的学生们快速回应：“在开口说话前请举手！”在阻断一个同学大脑边缘系统的过程中，其他学生的大脑边缘系统会感到非常愉悦。

我们称这个方法为“海龟—狼练习方法”。先练习海龟式错误方法，然后再练习狼式正确方法。反复练习。你正在积聚理性的力量来控制学生的情绪。

课堂守则三：在离开座位前请举手

使用同样的方法来练习全脑教学系统中的课堂守则三“在离开座位前请举手”。利用手势反复练习这一守则，学生举起手，然后在空中舞动他们的手指。接着再使用“海龟—狼练习方法”。

在你的提示下，雷纳尔多在没有得到允许的情况下便离开了他的座位。这是破坏课堂守则最典型的行为。雷纳尔多又一次没经过你的允许就离开了他的座位，你喊出：“课堂守则三！”学生大声回应：“在离开你的座位前请举起你的手，得到老师的允许！”

如果你先练习错误方式，然后再练习正确方式，一天进行五次这样的练习，不久，你就会很高兴地看到更多的学生做对了。没有一个学生喜欢体会做错了事的感觉，这就是为什么他们总会否认自己在做不得体的行为。

“玛姬，停止做这件事！”

“我什么都没做！”

这很奇妙。就像上面我们所描述的方法那样，你控制住了学生在课堂上打断他人发言、不假思索脱口而出的行为或者不经允许擅自离开座位四处乱走的行为，并将这些行为转化成遵守统一的课堂守则。无论何时，一个守则被打破的时候，正是它变得更强大的时候。

我的朋友们，在教学天堂，事情就是这么奇妙。

课堂守则四：做出聪明的选择

让我们仔细思考全脑教学的前三个课堂守则。每一个守则都将帮助教师解决一个教学问题。实施课堂守则一“快速听从指令”，将加速课堂活动之间的过渡。实施课堂守则二“在开口说话前请举手”，将带来井然有序的讨论。实施课堂守则三“在离开座位前请举手”，将让你的课堂摆脱变成儿童碰碰车的困境。

课堂守则四“做出聪明的选择”是一个非常重要的课堂守则。

做出聪明的选择也许是所有人类行为的基本原则，在我教授哲学40年期间，从公元前5世纪雅典的苏格拉底到20世纪巴黎的让·保罗·萨特这些哲学家都从来没有就任何一件事达成共识，但他们都认为：人类将谨慎地使用他们的理性……他们将做出聪明的选择。

哲学家们相信聪明的选择包括自觉，柏拉图主张最聪明的选择是研究数学以深入思考永恒的真理，萨特认为最聪明的选择是真实地生活，永远不要因为你的生命际遇而指责埋怨他人。尽管哲学家们之间有分歧，但他们都相信在做出聪明的选择时，通过运用我们的理性，我们可以拥抱美好的生活。

使用全脑教学法的教师已经发现课堂守则四是一个非常强大的课堂守则。这个守则涵盖了学生在学校、在家里、使用互联网、和朋友外出、全身心地投入一项体育运动或爱好等所有事情的各个方面。从童年到成年，我们都需要做出聪明的选择。课堂守则四在处理学生课内课外的每一种乱纪行为方面都取得了特别好的效果。

实施课堂守则四“做出聪明的选择”非常简单且容易操作，现在就快乐地实践起来吧。

第一部分

当课堂守则一到课堂守则三被学生充分实践时，你可以在一天的任何时间随机喊出“课堂守则四”。为了获得学生额外的快速响应，你可以快速喊出：“老虎课堂守则四！”你的学生应该立即用规则本身及其相应的手势做出回应。因为这个原则是广泛且强大的，使用你的能量卡片来呈现课堂守则四。在卡片3上，列出以下几点。

- 我们什么时候可以使用守则四?
- 操场上的守则四。
- 课堂上的守则四。
- 公共汽车上的守则四。
- 家里的守则四。
- 阅读中守则四的例子。

讨论故事中的人物、历史课上的名人、食堂里的孩子、比赛中的运动员做出的狼式聪明的选择和海龟式愚蠢的选择。在开始一项日程练习或艺术活动之前，让孩子们谈谈狼式聪明的选择和乌龟式愚蠢的选择。

第二部分

在你的学生掌握了课堂守则四“做出聪明的选择”，并能熟练做出相应的手势之后，你唯一的问题就是寻找实施这些课堂守则的机会。

下面这一点非常关键。如果一个孩子提出了自己的要求，这在你看来是不正确的，但在他看来却是聪明的选择，这时你可以这样回应他：“很好。但是更聪明的选择会是什么呢？”这可能意味着接下来会有一个重要的讨论，但这是完全值得的。告诉你的学生：聪明的选择总是存在无限可能的。

我们经常会在会议上向无数教育者展示和阐述全脑教学技巧，但是从来没有谈论过课堂守则四如何才能运用到运动场上。这样的疏忽简直让我们感到很羞愧。

试着和你班上的学生这样说（当然是用镜像词语和镜像模拟）：“我们接下来将要讨论课堂守则四，在运动场上做出聪明的选择，为了让这个游戏更加有趣和清楚，我们将用两根手指来代替运动人偶。用你每只手的两根手指，沿着课桌四周移动你的手指运动人偶。（孩子们照做。）非常好！现在，想象你的课桌是运动场。假设你的两个手指运动人偶在玩绳球游戏的时候做出了愚蠢的选择。向你的邻座展示这看起来像什么，并且解释每一个运动人偶都将说些什么。（孩子们大笑，并且照做。）非常好！现在，用两个聪明的手指运动人偶向你的邻座展示，玩绳球游戏时，如何做出聪明的选择，以及聪明的选择听上去是什么样的。”

事实上，学生在课间休息期间做出的每一个古怪的行为都可以用两只愚蠢的手指运动人偶和两只聪明的手指运动人偶来扮演，以便学生明白什么是愚蠢的选择、什么是聪明的选择。

假如，在课间休息期间，朱妮走近你，告诉你她和马丁产生了冲突，她对滑梯上发生的事情感到难过。为了降低朱妮的沮丧情绪，你可以让她用两只运动手指人偶向你展示马丁的愚蠢选择，以及她对此是如何做出反应的。然后，用你的运动手指人偶向朱妮展示对于她来说有用的聪明选择，这是一个必须解决的问题。最后，如果有必要，主动找到马丁，看看你的运动手指人偶能否教他的运动手指人偶遵循课堂守则四。

第三部分：美好的善良，领导力，勇气，战无不胜的坚毅，创造力

附加于课堂守则四的是全脑教学的五大美德，这些美德有力地增强了我们的品德教育策略。我们发现最好、最有效的方法就是为孩子们提供每个美德的简单且可操作的定义。虽然我们希望每天都能实践这些美德，但作为一个特别的焦点，给每个工作日分配一个美德是很有用的。

星期一：学生们通过互相表扬和使用“请”“好的”“谢谢”“不客气”来练习美好的善良。

星期二：我们把领导力定义为表现得像一个优秀的学生，比目前所处的年级高出两个年级水平。强调课堂领导者必须积极参与两种强大的批判性思维活动：提出好问题和给出多重复句的答案。强大的领导者会对每个人说："我不明白……你能再说一遍吗？"

星期三：勇气不仅包括实践学校反欺凌的常规做法，还包括勇敢地站起来，运用"同学们—到""镜像词语"和"讲课—好的"来给学生上一节全脑教学课（通常是对你刚刚所讲内容的总结）。

星期四：当面对一项具有挑战性的任务时，战无不胜的坚毅品德就会表现出来。一个学生回应说："我很坚毅！我不会放弃！"其他的孩子们都会互相鼓励，大声说："你很坚毅！你不会放弃！"

星期五：因为我们强调每隔几分钟就进行一次合作学习，所以当学生们找到释义和手势来向邻座解释课程内容时，创造力就会产生。特别强大的一个方法是在同伴指导中激活铅笔道具。一支铅笔可以代表一根数轴，一条河流，一艘宇宙飞船，一个故事的开头、中间和结尾，一堂课的"要点"，积极和消极行为之间的界限以及任何东西。在"创意星期五"，学生们一起教他们的邻座，一起探索隐藏在每一支铅笔里的奇迹。

当然，当你看到一个孩子在任何美德方面有所进步时，请奖励一颗进步神速星。

美好的善良是最高尚的美德。一个人可以成为一个强大的领导者，变得非常勇敢，非常坚毅，非常有创造力……也可以成为一个成功的犯罪者。然而，当我们将美好的善良加入这个美德大家庭当中时，我们关注的是他人的幸福。美好的善良将其他四种品德转化为高尚的品德。

在本书后文中，我们将描述如何使用计分板来奖励这五种美德中的每一种美德。

课堂守则五：让你亲爱的老师开心

你是否需要一个让学生停止自顾自地在背后讲小话的课堂守则？来看看这个通往教学天堂路上的黄金路标吧。

当我们开始创建全脑教学课堂守则时，我们的目标就是发现每一个课堂问题。

我们想要创建的是两三个尽可能针对特殊状况的课堂守则，一两个能够针对多种学生扰乱课堂行为的课堂守则。因此，我们有三个课堂守则针对的是单个的课堂问题。就像我们前面所描述的那样，我们使用课堂守则一“快速听从指令”，来解决两个课堂活动之间过渡太慢的课堂问题。课堂守则二“在开口说话前请举手”，是针对那些控制不住自己和别人聊天的孩子们。课堂守则三“在离开座位前请举手”，可以确保在上课期间，学生有序地坐在座位上。可惜的是，这三个课堂守则不可能涵盖学生的一切不恰当的课堂行为。课堂守则四“做出聪明的选择”能够非常好地全面应对学生做出的每一个决定，适用于任何前三个课堂守则没有包含的问题。

那么，为什么我们还需要课堂守则五“让你亲爱的老师开心”呢？课堂守则五能够解决那些和你争论课堂守则一到课堂守则四且对自己违反课堂守则的行为进行狡辩的难管教的学生！

那些爱到处走动的学生会声称他们遵守了“快速听从指令”的课堂守则。

那些爱讲小话的学生会声称他们没有跟任何人讲话。

你的那些难管教的学生甚至会否认他们离开座位的行为……而当他们声称自己没有离开座位的时候他们正站在教室中间！他们会说：“我没有离开座位，我只是在削铅笔。”

当然，你的这些难管教学生还会和你争论他们的所有选择都是聪明的选择，不管这些选择看上去有多么愚蠢！

那么，陷入这些困境的教师应该怎么做呢？你需要一个没有任何争议的课堂守则！我们从来没有发现一个学生能够成功说服他们的老师，让老师认为他们违反课堂纪律的行为能够让老师开心。课堂守则五是争论的终结者，是使对方哑口无言的最终辩论。

下面是实施课堂守则五的两个部分。

第一部分

就像前面所提到的那样，遵照游戏列表每天练习三次，每次一分钟左右，反复练习这五个课堂守则。你喊出课堂守则的数字，你的学生快速回答相应的课堂守则内容并做出与之对应的手势。三到四周之后，在课堂上寻找机会重点强调课堂守则五。在练习课堂守则期间以及白天的任意时间，你喊：“课堂守则五！”学生回答：“让你亲爱的老师开心！”与此同时，用他们的手指勾勒出他们的笑脸。当孩子们来不及反应的时候，他们通常会说：“哦，让我们再试一次！”

作为对课堂守则五的一个解释说明，你可以对你班级的学生这样说：“我们的学习社群不仅存在于我们的教室里，而且关乎学校的每个人——校长、图书管理员、秘书、午餐助理、操场助理、巴士司机、保管员。让你亲爱的老师开心，哪怕他们不接受你们送礼物或者任何东西。我们都只想要在这个世界上看到一件事，那就是看到你们在学术和社交技能上获得进步。你们作为学生的成长让每个人的心中充满了喜悦。告诉你的邻座……我喜欢看你学习！总有一天，我们会像红鹰一样飞翔，甚至像游隼一样翱翔！”

第二部分

当你大声喊出“狼速！课堂守则五”时，一旦学生能够立即回答出正确的守则内容并做出相应的手势，你就可以实施课堂守则五了。

挑选一个活跃的学生莎拉，跟她说：“我将假装我在上课，然后我会对你说‘莎拉，请集中注意力’，我希望你用真实的态度回应我‘我正在集中注意力’。”让莎拉示范她将如何回应你，然后持续练习，这将让全班的学生震惊不已……一个同学正在和老师顶嘴！因此，一个小小的滑稽剧就上演了。当莎拉顶嘴时，你大声说：“好样的，莎拉！这是一个非常好的破坏课堂守则五的例子！同学们，伸出十个手指，为莎拉喝彩！哇喔！”你的孩子们向莎拉伸出他们挥舞的手指，大声呼喊：“哇喔！”（欢呼声比掌声更有趣。）

然后，你可以接着说：“当一个人扰乱课堂秩序时，每一个人都会受影响。我们不得不中断学习来让那个捣乱的学生安静下来。学习会让我们变得越来越聪明，这才是我们想要的一切！当莎拉顶嘴时，我会和大家说‘课堂守则五’，我希望大家用手势回应我，并迅速说出‘让你亲爱的老师开心’！”

按这个方法练习一到两次，直到全班学生都能立即对课堂守则五做出正确的回应。

无论什么时候，只要有必要，就要像刚刚我们所描述的那样按这个方法练习，坚持练习一段时间。此后，我们发现杜绝学生课堂挑战行为的关键就是在学生捣乱行为开始之前，练习我们的课堂守则。

我们在实施课堂守则五时发现的唯一一个问题就是学生太渴望用到课堂守则五！当你亲爱的学生一旦听到课堂上有细小的胡闹声时，他们立刻就会大声喊出：“狼速！课堂守则五！”当这种情况发生时，你可以开心地微笑着说：“我非常感谢你们能如此快速地使用课堂守则五……但是请相信我，当我认为有必要使用课堂守则五时我会告诉你们。”哦，开心的一天……你的孩子们在你身后悄悄低声讨论他们的调皮行为，并为你机智的处理方法感到惊讶。

钻石守则：将你的注意力始终放在目标上

钻石守则是全脑教学宝典中新增加的重要守则。克里斯·瑞克斯坦德，全脑教学体系的共同创立者，他有一群真正让他刻骨铭心的难管教的学生。我根本不相信有这么难管教的学生，于是决定自己亲自去探个究竟。

哦，我的朋友们！当我开足了马力，期待在课堂上驰骋一番时，我开始意识到：几乎有一半的学生甚至都没有看我一眼！然后，我想到，曾几何时，特别是在我下午召开的会议上，大部分参加培训的教师都发现，除了我以外，还有很多其他吸引他们注意力的有趣的东西，作为教师的他们也会将注意力转移到他们感兴趣的东西上。

刚开始的教学指令必须通过学生关注正确的方向才能得以维持。学生的目标可能是教师、黑板、书本、其他的学生、录像、科学实验。如果你的孩子们没有关注他们应该关注的地方，他们是不可能学到很多知识的。

钻石守则“将你的注意力始终放在目标上”的手势是将你的两根手指指向你的眼睛。然后，将你的两根手指指向你自己（或者当前的目标）。

第一部分

就像其他的课堂守则一样，频繁地教授和练习钻石守则的内容以及与之对应的手势。甚至在讲课中间，你也可以突然喊出：“钻石！”你的孩子们将回应：“将你的注意力始终放在目标上。”学生的手势是：将两根手指从他们的眼睛移向当前应该注视的目标，他们的目标可能是你、其他的学生、书本或者其他任何事物。

第二部分

在必要的时候，教师可以使用“海龟/狼”练习方法加强学生对钻石守则的理解和运用。告诉你的学生，让他们像在计分板（参看第5步）消极那一边标注的比他们本身年级低两级的学生那样去行动。你可以先进行“海龟”练习，举个例子，你在讲话的时候，让学生忽视你，让他们环视整个房间。哦，好迷人的天花板。让一个好孩子玛丽站起来，在全班同学面前讲话，其他同学们也毫不忌讳地忽视她。然后，要求一位难管教的学生在同学们环顾房间的时候，站起来讲话并忍受同学们的忽视。

接下来，你带着学生开始“狼”练习。“向我示范，当有人在讲课的时候，像狼一样的孩子，也就是比你们高两级的成熟学生会如何行动？”学生非常高兴，他们喜欢模仿比他们大的孩子的成熟行为。毫无疑问，你的话音刚落，你三年级的学生就会迅速模仿五年级学生认真的样子，眼睛像狼一样对学习充满渴望。

游戏列表的标准

正如你所看到的，我们在本书前几章中非常关注课堂守则。但实际上，通过使用游戏列表，你每天只需要几分钟的时间来关注它们。当你准备强调一条课堂守则时，例如课堂守则一，你只需要给游戏列表添加一个新标题并用绿色突出全脑教学活动就可以了。

课堂守则一挑战

1. 翻转
2. 早晨公告
3. **全脑教学课堂守则比赛**
4. 数学事实
5. 课间休息

6. 科学兴趣小组

7. 午餐

8. 全脑教学课堂守则一挑战

9. 写作

10. 课间休息

11. 阅读

12. 全脑教学课堂守则比赛：进步神速星！

13. 大扫除

继续以复习所有课堂守则开始一天的工作，并为你想要的任何事情奖励进步神速星，但是要重点强调课堂守则一。从活动8（午餐后的挑战时间）开始，你可以给在“快速听从指令”过程中获得进步的学生快速分发进步神速星。

大约一天之后，介绍一个新的游戏和一项新的挑战。因此，你的下一个游戏列表将会是这样的：

1. 翻转

2. 早晨公告

3. 全脑教学课堂守则比赛

4. 数学事实

5. 课间休息

6. 科学兴趣小组

7. 午餐

8. 全脑教学课堂守则二挑战

9. 写作

10. 课间休息

11. 阅读

12. 全脑教学课堂守则比赛：进步神速星！

13. 大扫除

在一项发表在《教育跨学科展望》杂志上的关于全脑教学的开拓性研究中，弗吉尼亚州萨福克郡行政官员温迪·范霍森（Wendy VanHosen）发表了20多篇研究文章，以支持她的观点“全脑教学对学生（尤其是非裔美国男性）的学业成绩有积极影响”。全文请参见网站（http://wholebrainteaching.com/research）。

神奇的骰子

当你看到一个学生在遵守课堂守则方面有了很大的进步时，你可以像以前一样，扮演领头掷骰子手。你掷一个骰子，进步的学生汉弗莱掷另一个。如果汉弗莱的数字比你大，他每增加一分，就会赢得一颗进步神速星。举个例子，你掷了1，汉弗莱掷了5，他就能获得四颗进步神速星（5–1=4）。

圣诞节过后，当学生的精力急剧下降时，就可以玩掷骰子游戏。你可以说：“我正在从一行学生中寻找在遵守课堂守则（插入课堂守则数字）方面的进步行为！”当你看到一行学生在遵守所选择的课堂守则方面付出的努力显著增加时，挑出这一行中进步最大的孩子来和你掷骰子。如果你输了，每一个和进步学生在一行的学生都将赢得进步神速星，所获得进步神速星的数量与获胜学生掷骰子赢得的分数相当！

为了达到最大的效果，你掷……学生掷……你掷……然后，在学生掷的时候，大家兴奋得几乎心脏都要停止跳动了。上帝保佑发明骰子的天才。

清单

☑ 在刚开始的几个星期里，练习课堂守则每天三次。（优势：练习的课堂守则越多，而不仅仅是张贴的课堂守则越多，能理解课堂守则的学生就越多。）

☑ 当学生掌握了所有的课堂守则时，在一个时间只专注于练习一个课堂守则，强调正确和不正确的执行。（优势：用“海龟/狼”的练习代替责备。）

☑ 当你专注于单个的课堂守则时，请改变游戏列表里的游戏。（优势：在传统教学中，9月份的激励因素在11月份就枯竭了，不再起激励作用。在全脑教学中，我们的分级游戏列表将课堂变成了无尽的欢乐园。）

☑ 用进步神速星和神奇的骰子来奖励学生在遵守课堂守则方面获得的进步。（优势：当积极行为成为一种积累进步神速星的游戏时，就会促进更多积极行为的产生。）

● **全脑教学注意事项**

与其去教室“观察”，或者更糟糕地去填写一份评估表，不如挽起袖子，加入教师们的战壕。用你自己的能量卡带领学生进行充满活力的课堂守则练习；示范你的海龟法则，让每一个人都高兴。

STEP 5

Play Scoreboard, the Infinite Class Motivator

第 5 步

计分板游戏

释放无尽的课堂激励

FAST TRACK

在过去的20年里，经过数千小时的课堂实验，我们发现，教师需要两种激励手段，一种是可以促进学生们打破个人纪录的激励手段，另一种是可以激发整个班级团队协作的激励手段。这当然也是生活幸福的秘诀。我们必须培养他们的自我成长，让他们学会为团队的成功而努力。

进步神速者游戏激励个人发展。每一个学生的成就都由进步神速星来进行标记。从海龟开始，每个孩子都遵循着一条独特的道路，因为超越了他们之前的最佳努力而不断获得进步奖励。

计分板游戏激励团队合作。通过我们无限度的课堂游戏，孩子们学会了相互支持，享受团队合作的乐趣，也学会了有效地为社群做贡献。

马埃斯特拉对教学中的许多问题都有强烈的意见，但最强烈的莫过于她坚定地相信：学生的积极行为和学业成就不应该用糖果、小饰品和华而不实的东西来奖励。她的观点是如此强烈，以至于她经常在每年的第一次会议上就向同事们发表演讲来强调这个观点。每个人都知道她是一个了不起的人。马埃斯特拉很高兴能证明这一点。

“哦，我的兄弟姐妹们！我给你们带来了好消息！不再有糖果！不再有俗气的动物玩具！不再有彩票、玩具钞票，或者把弹珠扔进一个臭罐子里！再也不用熬夜在互联网上的东方贸易公司（Oriental Trading Company）订购50支铅笔，而这些铅笔的橡皮上装饰着令人毛骨悚然的毛发。这是一所学校，而不是旧货商店！让我们停止把孩子们变成乞丐。我们对学生的奖励应该是在最高学术氛围中扬帆远航的纯粹喜悦。我们的回报必须是内在的，而不是外在的。当一个孩子在学业上、社交上表现出色时，奖励给他们的应该是获得非凡成就的喜悦……而不是糟糕的焦糖！”

马埃斯特拉使用计分板来代替那些华而不实的激励工具。

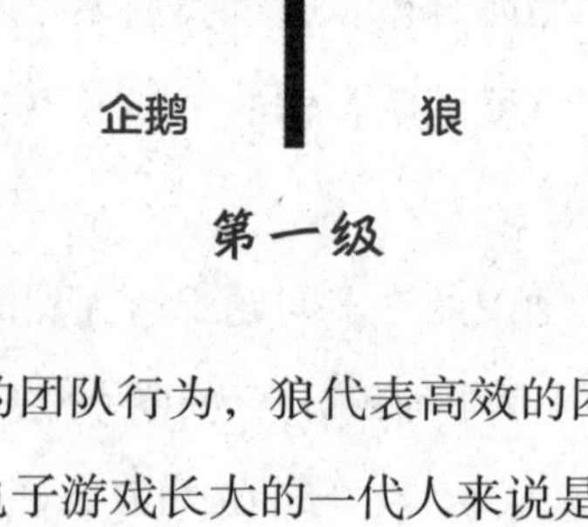

第一级

企鹅代表低效的团队行为，狼代表高效的团队行为。“第一级”这个简单的词对玩电子游戏长大的一代人来说是极具吸引力的。

对我们亲爱的导师马埃斯特拉女士来说，企鹅取代了海龟。马埃斯特拉女士让孩子们相信，他们永远不会像一群海龟一样。

在马埃斯特拉女士职业生涯的早期，她尝试了各种激励手段来让她的学生专注于学习任务，包括得分表、彩色图表和快速卡片，但没有什么比计分板更简单、更强大、更有趣、更灵活、更物美价廉的了。

下面是马埃斯特拉女士向她的三年级学生介绍我们的课堂激励游戏时的情境对话。

计分板游戏

马埃斯特拉女士：同学们（双手交叉）！

学生：到（双手交叉）！

马埃斯特拉女士：我们现在要玩一个游戏，一个非常有趣的游戏。这个游戏叫作计分板游戏。（拍两下手）讲课！

学生：（拍两下手）好的！（学生们教他们的邻座。）

马埃斯特拉女士：哦，亲爱的，同学们！

学生：哦，亲爱的，到！

马埃斯特拉女士：（将手放在胸口）哦，哦，狼式谢谢！

学生：（将手放在胸口）哦，哦，狼式不客气！

马埃斯特拉女士：亲爱的朋友们，请记住这个要点。笑脸标注为“狼”。给我一个嗷！

学生：嗷！

马埃斯特拉女士：哭脸标注为“企鹅”。给我一声嗳咔！

学生：嗳咔！

马埃斯特拉女士：当你像狼一样快，像狼一样有活力，像狼一样有激情，像狼一样超级聪明的时候，你就会得到一个狼笑脸分数！（拍两下手）讲课！

学生：（拍两下手）好的！（学生教他们的邻座获得狼笑脸计分的乐趣。）

马埃斯特拉女士：同学们！同学们！

学生：到！到！

马埃斯特拉女士：非常、非常仔细地观察！请（伸出双臂）！

学生：好的（伸出双臂）！

马埃斯特拉女士：速度没有狼快，也没有狼聪明的任何表现，都只能得到企鹅哭脸分数。请告诉你的邻座：“我们不是企鹅！”

学生：（面对彼此）我们不是企鹅！

马埃斯特拉女士：（将手放在胸口）啊，谢谢！

学生：（将手放在胸口）啊，不客气！

马埃斯特拉女士：现在，非常仔细地看着我。请（伸出双臂）！

学生：好的（伸出双臂）！

（马埃斯特拉女士拿起一支马克笔，慢慢走向黑板。）

马埃斯特拉女士戏剧性地在计分板上添加了以下内容。

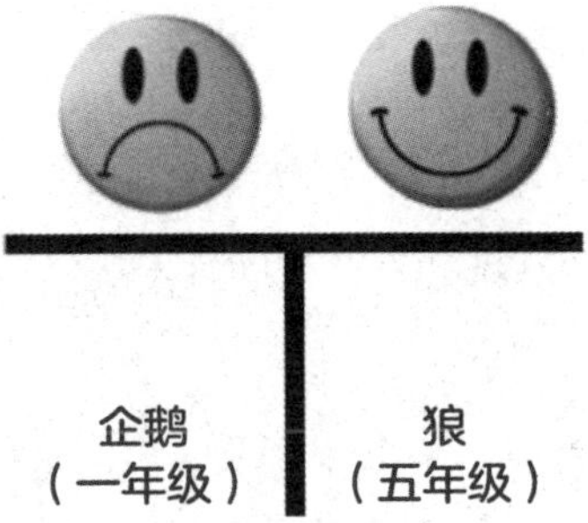

第一级

马埃斯特拉女士：是的，我亲爱的朋友们，现在你们看看真相……我相信你们以前也有过这种感觉。当你们，我神奇的三年级学生，像企鹅一样执行任务时，那可是一年级学生的行为！告诉你们的邻座……我们不是企鹅，当然也不是一年级的学生！

学生：（按照马埃斯特拉的建议，充满活力地向邻座指出，他们不是像企鹅一样的一年级学生。）

马埃斯特拉女士知道，孩子们无法忍受自己变得越来越稚嫩的想法，他们崇拜自己变得成熟的想法，尤其是变成比自己大两个年级的孩子。从一个三年级学生的角度来看，五年级学生开的是高级汽车。马埃斯特拉女士的计分板现在有四种激励作用。

1. 哭脸是消极的；笑脸是积极的。

2. 企鹅是一个很大的消极因素；狼是一个很大的积极因素。

3. 一年级是一个很大的消极因素；五年级是一个很大的积极因素。

4. 任何课堂游戏都可以有关卡的想法是具有催眠效果的。

马埃斯特拉女士：当我在笑脸下面做标记时，那意味着你们——我亲爱的三年级学生，是表现得像狼一样优秀的五年级学生。当我在那张哭脸上做标记时，那意味着你们表现得就像企鹅一样稚嫩的一年级学生。（拍三下手）讲课！

学生：（拍三下手）好的！（学生们向邻座讲述马埃斯特拉女士所说的积极和消极的消息。）

马埃斯特拉女士：同学们—啊！

学生：到—啊！

马埃斯特拉女士：这是非常重要的一点。给我一个啊——哈——哈——哈！

学生：啊——哈——哈——哈！

马埃斯特拉女士：在计分板游戏开始的时候，五年级学生的标准是在课堂上要非常棒地严格遵守课堂守则。游隼级别的学生行为就是完全严格遵守课堂守则——这就相当于大学学生的行为规范，也许有一天我会给你们一个达到如此高度的机会。但面对现实吧，现在这些课堂守则都是简单的守则。如果你没有遵守它们，那你的表现就像企鹅一样的一年级学生。（非常快地拍四下手）讲课！

学生：（非常快地拍四下手）好的！（学生教他们的邻座遵守课堂守则。）

马埃斯特拉女士：同学们！

学生：到！

马埃斯特拉女士：现在，还有一个要点。注意，现在的计分板标记的是第一级。如果这个游戏你们玩得很好，你们可能会获得第二级！（拍三次手，跺三次脚。迪斯科舞步动起来）讲课！

学生：（大笑……拍三次手，跺三次脚。模仿马埃斯特拉女士的迪斯科舞步）好的！（学生教他们的邻座如何将计分板提升到更高的层次。）

这个游戏很少会失败，学生很快就会问：“我们赢了能得到什么？”马埃斯特拉女士喜欢每一个全脑教师都有一个智囊。

当学生问自己能得到什么时，她会笑着说：“你们在赢得计分板游戏之后所获得的的奖励和在赢得电子游戏之后所获得的奖励是一样的：升级。”

“有多少级呢？”

“你能数到多少级？”

马埃斯特拉女士在她的计分板描述中添加了更多细节：“在一天快结束的时候，如果狼的分数比企鹅多，那就是一个班级的胜利。当10个班级获得胜利时，大家都会升级。”

“什么是升级？”

“我们的级别会贴在学校大型自助餐厅的展示板上。琼斯老师是我的好朋友，但我不会让她的学生升到比你们更高的级别，我聪明的狼孩们！”

这里有一个自助餐厅展示板上使用垂直标尺的示例。

进步神速者联盟

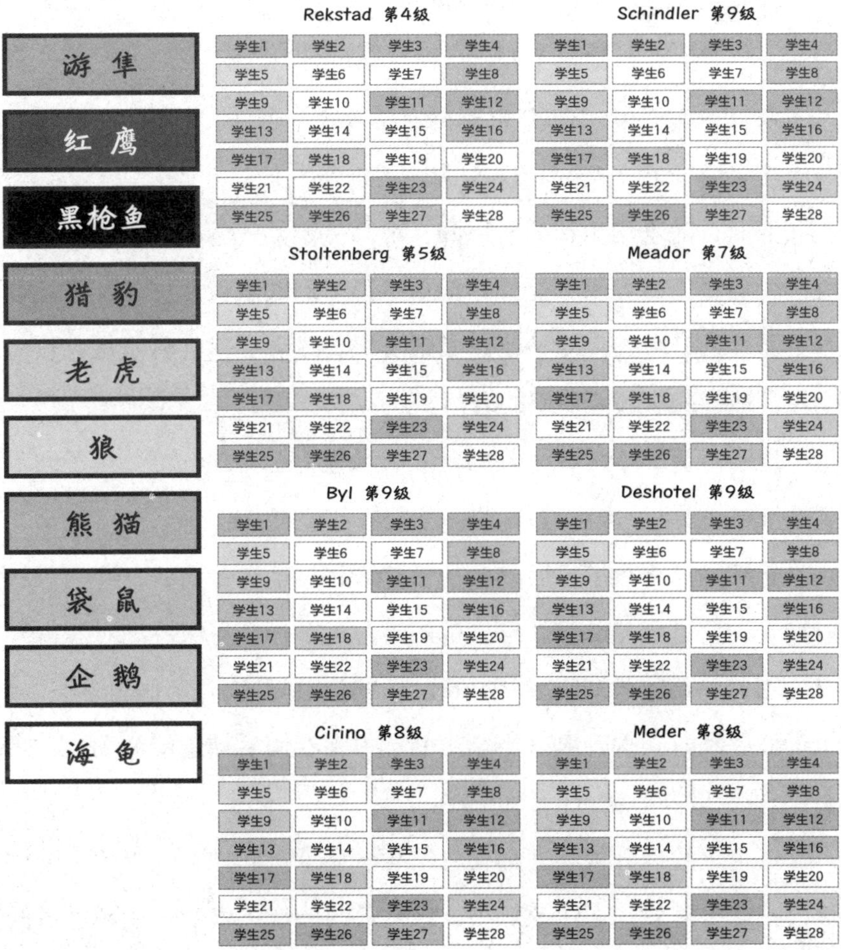

所有在自助餐厅张贴成绩的老师都同意，不要让级别最高的班级超过级别最低的班级5级以上（成绩范围从4级到9级）。得分最接近的游戏才是最刺激的。

全校都遵循下面的年度计划：

感恩节的第一天：10个班级胜利时获得升级。

感恩节到寒假期间：8个班级胜利时获得升级。

寒假到春假：5个班级胜利时获得升级。

春假到最后一天：2个班级胜利时获得升级。

因此，随着学生精力的下降，教师一定要让学生取得课堂上的胜利变得越来越容易，这样才能保持孩子们的激情。如果孩子们在自助餐厅的计分板上竞争不过其他班级，或者更糟糕的是没有获得升级，他们就会缠着他们的老师！

班级升级的奖励在学校的升级展示板上会得到认可。孩子们不断地玩电子游戏，唯一的目的就是提高自己的级别。

总结：在一天结束时，当积极分数超过消极分数时，这个班就取得了一个班级的胜利。感恩节的第一天：10个班级胜利时获得升级。感恩节到寒假期间：8个班级胜利时获得升级。寒假至春假：5个班级胜利时获得升级。当学生的精力在春假后处于最低潮时，只要2个班级胜利时就可以获得升级。

每个班的计分板状态都在自助餐厅显示。同样，升级的奖励也被大家认可。教师们一致认为，级别最高的班级永远不能超过最低的班级5个级别。

马埃斯特拉通过加入级别这个因素，成功避免了海蛞蝓的可怕问题。

科学家们用海蛞蝓来研究神经系统的反应，因为海蛞蝓的神经网络非常简单。如果你把海蛞蝓翻过来，用探针触碰它的鳃，鳃就会迅速闭合。如果一直触碰，海蛞蝓的鳃也会持续不断地闭合，但闭合的速度会越来越慢。最终，你可以想探测哪里就探测哪里，海蛞蝓不再有所反应。海蛞蝓的鳃不会再颤动，因为它已经习惯了你的刺激。你有没有注意到，对学生的反复刺激最终也会导致学生的零反应？9月份还让学生兴奋不已的游戏到10月份就让学生觉得乏味无趣了。如果持续使用同样的探索刺激，过不了多久，你的孩子就会变得不那么在意了。

每一个课堂激励策略面临的一个根本问题就是，这个激励系统很快就会让学生对它的刺激失去反应！你不停地戳来戳去，他们毫无反应。不管你戳的是正面还是反面。刚开始的时候，有些孩子会应答几句。当你不停地责备他们，越来越用力地戳他们时，到了11月份，你的学生连眼睛都不眨一下了。即使你对你的学生们大喊大叫，他们也是一点反应都没有，因为他们习惯了。

马埃斯特拉喜欢的计分板级别是一种内在的解决习惯问题的方法。计分板游戏是全脑教学系统中活生生的电子游戏。我们不是虚拟现实，而是现实中的现实。

让我们将注意力回到我们可爱的教师身上。

马埃斯特拉女士向学生解释说：“现在，让我们回顾一下。我们要玩一个叫作计分板的游戏。当你们做到了至少是五年级学生的行为，或者表达了五年级学生才有的观点时，我倾向于在笑脸狼这一边做标记。请注意，我并不是说你们做到了五年级学生的行为就会自动给你们一个笑脸狼的标记，但这肯定会增加你们获得标记的机率。当你的所作所为和所思所言低于五年级学生的水平时，我可能会在哭脸企鹅这一边做标记。把我刚才说的话告诉你们的邻座。”

学生们迟疑地解释了马埃斯特拉女士的观点。

她继续说道：“哦！你们反应太慢了，有些人甚至不跟邻座说话，也不做手势！那是小企鹅，小企鹅！”

马埃斯特拉女士在哭脸那一边做了个标记，说：“给我一个有力的‘哇’！”

她的学生不知道该怎么办。

马埃斯特拉女士迅速用食指指关节抵住眼角，喊道：“哇！”

几个学生模仿她的手势，有些学生甚至喊出：“哇！”

马埃斯特拉女士惊叫道：“这是一个非常可怜的‘哇’！这是另一只哭脸企鹅。给我一个有力的‘哇’！”

马埃斯特拉女士发出了一声有力的‘哇’，接着说：“现在做出我的手势，同时发出一声有力的‘哇’！”

她的学生更积极地模仿马埃斯特拉女士。

马埃斯特拉女士向他们表示祝贺。她知道让三只企鹅排成一排是一个糟糕的策略。

马埃斯特拉女士明白“让学生发出一声有力的哇”是至关重要的。在学生们发出“哇”的哭声时，他们都笑了，这样他们就回到了她的身边，而不会因为受到了批评就愤愤不平。

马埃斯特拉女士接着说：“现在，你们要明白：对于你们来说，想到五年级学生的行为是非常重要的。让我们来练习一下。做一些你们认为不成熟的事情，像是企鹅一样的一年级学生会去做的事情！去做吧。这是练习，我不会给你们标记哭脸的。但是你们可以打破你们对课堂守则的认识。”

于是，她的几个学生遵照她所说的，故意做了傻事，说了傻话。

马埃斯特拉女士继续说道：“太棒了！优秀的不当行为！现在，做一些你认为五年级学生会做的事情或者说一些五年级学生会说的话，这些都是狼的行为。五年级的学生是如何拿出书本、纸和铅笔的？”

学生们以惊人的速度拿出了他们的学习材料。许多学生一本正经地合拢双手，像狼一样恭恭敬敬地盯着他们的老师。马埃斯特拉女士的学生们知道如何假装自己是高年级的学生。

正如前面所提到的，马埃斯特拉女士明白，排练正确和错误的行为是全脑教学的一个重要原则。全脑教学者从不责骂学生……他们最重要的工作是帮助学生练习。

我们杰出的教师马埃斯特拉女士总结道：“非常棒！好的。现在，我们要复习一些课堂守则和课堂规程。努力表现得像一群活泼的狼一样的五年级学生！我不想要寻常的课堂守则……我想要像狼一样的课堂守则！”

下面是马埃斯特拉女士的计划。她已经让她的学生得到了几个企鹅标记。她接下来的几个标记将会是狼的标记。每当班上大多数学生迅速听从她的指令时，马埃斯特拉女士就会标注积极的标记。随后，她又会增加一些消极因素，再之后又会增加一些积极因素。马埃斯特拉女士知道，她的企鹅哭脸永远不能比狼笑脸多出三个（反之亦然）。如果她处罚得太多，她的学生就会泄气；如果她奖励得太多，学生们就会变得懒散。在全脑教学中，我们称之为“+/–3守则”。

在计分板上，奖罚之间的差额从不超过3分。为什么？因为当游戏得分接近的时候，孩子们才会有很强的动力……用“+/–3守则”，可以保证计分板游戏的得分总是接近的！一整天大家都在紧张地你追我赶。当下课钟声在最后几秒响起时，这个班总是以极微弱的优势获胜或失败。

马埃斯特拉女士向全班学生解释了“+/–3守则”：“狼和企鹅得分之间的差距很少会超过3分，如果班级落后3分，我将找到最不起眼的狼的行为，这样我就可以给你们一个狼笑脸。但是要注意！如果班级领先3分，我也会找最不起眼的消极行为，给你们一个企鹅哭脸！”

就像前面我们所说的马埃斯特拉女士在学生得到哭脸时让学生给一个“有力的哇”那样，她会始终如一地教她的学生：当他们得了一个笑脸时，他们应该回应一个“有力的噢耶”！她将这种行为称为“一秒钟聚会”。学生们拍着手，冲着天花板，喊道：“噢耶！”

如果马埃斯特拉女士不想让她的班级制造噪声，她会让学生们用小拇指轻轻碰触在一起，然后“轻声耳语噢耶”。她将这种行为称为“安静的骚乱”。

在第一课时快结束的时候，我们的示范教师让狼笑脸的数量在可控范围之内，但没有让企鹅哭脸的数量与狼笑脸的数量不相上下。她对班上的学生说："嗯，你们当然可以做得更好。我会在你们休息回来的时候观察你们像五年级学生那样的表现。"这样的话语非常重要。它向马埃斯特拉的学生表明，在计分板游戏中赢得胜利并不容易，当然计分板也不会自动标记学生的积极行为。

在接下来的几天里，马埃斯特拉女士一直在玩计分板游戏，她所在的班级要么落后，要么与领先的班级打成平手。计分板上的得分总是势均力敌。（哦，你落后两分！……哇，你领先三分，但现在你又输了一分，哇！）她通常会在一天开始的时候快速给学生哭脸，把学生的得分降低两分。随后，她发现她的班级有很强的"迎头赶上"的动力。

第一周快结束的时候，当她的学生们度过了愉快的一天时，马埃斯特拉女士让他们以令人惊叹的、来自胜利背后的欢呼结束游戏。狼人队以3分的优势获胜了！整个班级也因此获胜！哦，她的学生都非常棒，相当于五年级的学生！作为特别奖励，马埃斯特拉女士和她的孩子们一起欢呼。她知道她会收到隔壁格鲁利小姐的关于他们教室欢闹声的来信，但和孩子们一起为胜利欢呼是值得的。

如果马埃斯特拉女士的学生抱怨游戏本身或者惩罚太多，她会迅速给他们一个企鹅标记，并解释道："我对此感到很遗憾，抱怨计分板游戏是小学一年级学生才会有的行为，企鹅们理应得到一个哭脸。告诉你们的邻座'我们不是企鹅'，但有时我们不当的行为只能得到哭脸！克服它！"

马埃斯特拉女士没有发出警告。

她从来没有说过："同学们，如果你们不认真听讲，我就给你们一个消极的标记。我是认真的，同学们。你们现在最好认真听我说，因为如果你们不认真听讲的话，你们就会得到一个大大的哭脸标记。"马埃斯特拉女士要么直接给学生一个企鹅哭脸，要么就对学生的不当行为视而不见。当她的班级很不守规矩的时候，马埃斯特拉女士也不会全部给哭脸，尤其是当哭脸的数量比笑脸多出3个的时候。

马埃斯特拉女士认为：如果一些惩罚不能激励她的孩子，那么更多的惩罚也同样不能改善他们的行为。相反，在班级学生有着严重不良行为的日子里，马埃斯特拉女士会对她的学生们这样说："你们知道吗？这里有一些朋友在做一项了不起的工作。事实上，3号桌的每个人都在努力学习。这是努力学习的3号桌同学送给全班同学的一个笑脸！为他们欢呼吧！"

学生们每次都会为那些给他们赢得笑脸的同学欢呼……马埃斯特拉女士让她的学生专注于听从她的指令。当她让他们欢呼时，学生们就立即欢呼起来。

其他日子里，当课程进展顺利时，马埃斯特拉女士可能会对学生们说："你们做得非常棒，给了我99%的正能量。但是在五年级的班级里，我们想要的是100%的正能量。给我一个有力的欢呼吧！"

马埃斯特拉女士喜欢在全脑教学的计分板上写上："不要客气，不要吝啬。我们要的是不可预测！"马埃斯特拉女士偶尔会想办法在大多数学生表现不佳的时候奖励他们，在学生希望得到奖励的时候惩罚他们，这让她的三年级学生总是非常紧张。

计分板游戏是一种令人兴奋的、有着不确定奖励的、能够分泌快乐因子“多巴胺”的游戏。没有人知道接下来会发生什么！

经过二十多年的课堂测试，计分板每小时甚至每分钟都在被全脑教学执行委员会的每一位教育工作者和世界各地成千上万的经验丰富的全脑教师共同使用。

为什么?

正如前面所说的，计分板把你的教室变成了一个活生生的电子游戏。你的孩子不是在玩电子游戏，而是生活在其中。你的学生们在教室里不是在玩爆破僵尸游戏，而是获得了智慧。

白天，你可以站在长长的进步神速者显示屏下边。必须指出的是，这张图表展示了从消极的企鹅行为到积极的狼行为之间的范围。

在选定的时间里，可以挑战孩子们超越狼，迈向老虎，甚至猎豹……他们的卓越表现会让你大吃一惊的。

经验丰富的全脑教学教练，在每小时的教学过程中，计分板上的总得分是15 ~ 20分。你是一个新的全脑教学教师，你的目标是每天计分板总得分达到25分。

让你最优秀的孩子做一名抄写员，在一天结束的时候，将你在计分板上的操作记录在日志里。总会有学生乐于帮助老师遵守游戏规则。

	积极得分&消极得分	目标
第一天		5
第二天		10
第三天		15
第四天		20
第五天		25

整整一天，只要你愿意，随时都可以使用计分板游戏，但是为了让整个班级的学生都专注于这个新游戏，你可以在玩计分板游戏时添加两个让人兴奋的热点。一个让人兴奋的热点是在计分板被频繁使用并且激活时，能够区别一天中的这个时间段，做好充足的准备快速标记好课堂行动。从这里开始，包括你要将一个抄写报告作为你的游戏列表上的最后一项。一天结束时，抄写员把总分加起来，记录在记录表上，并与25分的目标进行比较。

计分板：1级

1. 翻转

2. 早晨公告

3. 全脑教学课堂守则比赛

4. 数学事实：**热点：计分板**

5. 课间休息

6. 科学兴趣小组

7. 午餐

8. 全脑教学课堂守则比赛

9. 写作

10. 课间休息

11. 阅读：**热点：计分板**

12. 全脑教学课堂守则比赛：进步神速星！

13. 大扫除

14. 抄写报告：计分板

如果你想专注于计分板游戏，你可以简化你的游戏列表。

计分板：1级

1. 翻转

2. 早晨公告

3. 全脑教学课堂守则比赛

4. 数学事实：**热点：计分板**

5. 课间休息

6. 科学兴趣小组

7. 午餐

8. 写作：**热点：计分板**

9. 课间休息

10. 阅读

11. 大扫除：**热点：计分板**

12. 抄写报告：计分板

计分板和五种美德

随着时间推移，你可以用一个简单的方法把五种美德融入计分板游戏中。每个工作日可以相应地与每种美德联系起来。

- 星期一：美好的善良
- 星期二：领导力
- 星期三：勇气
- 星期四：战无不胜的坚毅
- 星期五：创造力

星期一的计分板看上去应该是这样的：

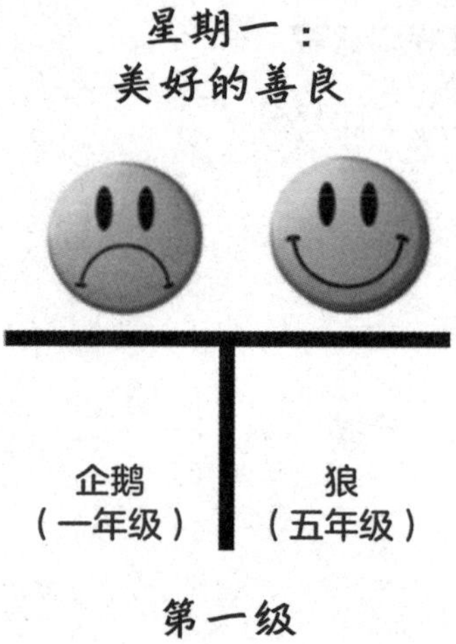

再回顾一下我们之前对美德行为的描述。

因为品格教育是我们的最高目标，所以当学生身上的美德被发现时，教师要使用计分板和进步神速者游戏来奖励它们。不管怎样，为了简化每天的目标，在计分板上，用每一种美德作为标题，以此做为当天的关注焦点。

神奇的骰子

每当班级表现得特别好的时候，你可以掷出一个骰子，进步最快的学生掷出另一个骰子。如果这个学生掷出的骰子数字比你的高，这个班就会全体在计分板上得到一分……每个学生都会欢呼。这听起来很傻……直到你尝试它！（如果点数相等，则再掷一次。）

每当班级水平在计分板上有所升高时，都要遵循同样的程序，但是一天最多只能有三个学生掷骰子。因此，这太让人不可思议了，学生们有机会在当天的比赛中赢得三分。

清单

☑ 开始玩计分板游戏时，游戏目标是平均每天达到25分。

☑ 当一天结束时，如果积极分数超过消极分数，学生就赢得了一个班级的胜利。正如前面所描述的，积累班级的胜利将会让学生提升到一个新的级别。在自助餐厅的展示屏上，每个老师的名字旁边都标着班级的级别。

☑ 为了增加焦点，创建计分板热点。

☑ 将学生变成抄写员，帮助你遵守游戏规则。

☑ 随着时间的推移，把五种美德与工作日联系起来，增加计分板的分量。

☑ 使用神奇骰子增加计分板上的点数。

● **全脑教学注意事项**

计分板是全脑教学中最强大、最有趣的激励因素之一，也是教师持续使用的最具挑战性的教学方法之一。一般来说，如果教师给的计分板分数太低，每小时只有3～5分，而不是15～20分，学生的积极性就会大大降低。我们的计分板计分的基本原理是学生需要频繁的激励来发挥最大的能量。在你的全脑教学教育者团队开始这一步之前，请在员工会议期间通读并讨论本章的计分板描述。

计分板游戏成功的一个关键是鼓励学生的反应，有力的“哇”和有力的“噢耶”，而且速度要非常快。老师应该用“假装”标志来进行练习，教师可以说：“当我给了一个消极标志后，只要我指着你，就给我一个企鹅的缓慢而有力的‘哇’……现在给我一个像狼一样快速而有力的‘哇’……现在，你是否能给我一个像黑枪鱼一样闪电般快速而有力的‘哇’！”同样的程序也应该用于积极分数、有力的“噢耶”，一天可以进行好几次这样的练习。即使在基本的计分板游戏程序被学生理解之后，也可以引导学生反复练习。

便携式计分板，难以描述，但功能强大，是计分板游戏的一个了不起的补充。将小计分板绘制的索引卡插入透明塑料标签夹内，将整个塑料标签夹用一根挂绳挂在你的脖子上，随身携带一支笔。无论你身在何处，例如在小组中，或者在带领你的班级到图书馆的路途中，你都可以通过在标签上做标记来对学生进行计分。

资深的全脑教学教育者，包括我自己在内，曾多次指出由于计分不够充分几乎总是导致学生精力下降，尤其是在漫长的下午时间。通过增加记分板的分数可以提高学生的参与度。企鹅—狼示意图计分板游戏是一个可以贯穿一整天的课堂游戏。当学生无法得知他们是否会赢的时候，你怎么能指望他们努力比赛呢？

安排好你去教室的时间，这样你就可以在计分板游戏到达高潮的时候到达教室。带好你的紫色马克笔，你给出的每一个分数都是两分！哦，天哪，使用计分板游戏，你会看到学生的努力有了很大的提高，你会想知道是否应该把老师的工资提高一倍。

STEP 6

Reform Beloved Rascals

第 6 步

改变可爱的捣蛋鬼们

FAST TRACK

1995年，当我和其他几位教师开始全脑教学时，我们认为教师们想要的是在教阅读、数学和写作时可以用到的能够振奋人心且能产生显著效果的教学技巧。在我的学校，加利福尼亚州尤开帕的克拉福顿山俱乐部，我们会提供免费的研讨会。每周六有20 ~ 30名教师来参加研讨会。这不是我们想要的出席率。我们为提高学生的州考试成绩想出了一些振奋人心的策略。然而，即便是有这样振奋人心的策略，也并没有改善教师们的出席率。最后，我都不记得因为什么原因，我们举办了一场研讨会，为具有挑战性的孩子（以及班上的其他孩子）提供强有力的教学。“天哪，没想到我们竟然成功了。”我们的注册人数从30增加到200。1997年劳动节的那个周末，管理人员奇诺甚至告诉我们，教室已经不能容纳再多的教师来上课了。那个时候，我们安排了350个座位，并且转移了500名教师去别的地方上课。

最重要的是，很多教师被那些捣蛋鬼学生逼疯了，这些捣蛋鬼学生甚至劫持了他们的教室，而媒体头条却还在声称教育最大的问题是考试分数低。说实话，学校主管和校长们的确痴迷于考试成绩。普通教育工作者也有其他的担忧，深陷困境的孩子们也使得教学无法真正发挥作用。我们有太多的同事认为问题出在学生身上，而不是出在教学方法上。如果你是一名医生，责骂那些因为骨折走进医院的病人对于治疗骨折是没有任何意义的。

在某种程度上，我们责备那些可爱的捣蛋鬼学生的不良行为，这只能说明我们是不成功的教师。我们不能跟随学生走访他们的社区并且了解他们的家人，我们也不能替孩子们承担他们因为破碎家庭和可怕的养育带来的精神伤害。如果孩子们的脸上流露出他们的情感创伤，站在教室前面的我们也没法切身感受他们的痛苦。

帮助我们最具挑战性的学生是全脑教学的主要目标之一。让我们将这个过程变得尽可能简单。这段通往教学天堂的路布满了复选框。

☐ 第1～4周：精准地遵循本书中的第1～5步。

☐ 第5～10周：每周选择不超过三个可爱的难管教学生，在进步神速者游戏中交换赢得的进步神速星。让他们选择他们想提高的全脑教学课堂守则，每天和你选择的这些学生交谈一次，如果有必要的话，可以更频繁地交谈，并帮助他们评估自己的行为。

☐ 第11～16周：利用飞行学校（见下文）。

☐ 第17周学年结束：使用练习卡片（见下文）。

☐ 第20周学年结束：对最后几个可爱的捣蛋鬼学生实施靶心游戏（见下文）。

游戏1：飞行学校

在大约第11周，你需要一个训练心爱的捣蛋鬼学生正确飞行的课堂游戏。但不要沮丧，让孩子们飞起来的确需要一段时间。

在你的黑板上画一个圆圈，标上飞行学校。在圆圈的下边，放上今天的课堂守则，也就是你认为最需要提高的课堂守则。

选择你想让学生在课堂守则中进步的方面。

课堂守则一：你想让学生更快地遵循你的指令。

课堂守则二：你想让学生少聊天。

课堂守则三：你想让学生少走神。

课堂守则四：美好的善意：你希望听到孩子们说更多的“请”“谢谢”“不客气”。

课堂守则四：领导力：你想看到学生表现得像比他们再高两个年级的优秀学生一样。

课堂守则四：战无不胜的坚毅：你希望学生在做很难的作业期间少抱怨。

课堂守则五：你希望孩子们少以自我为中心，多支持他们亲爱的学习社区。当然，你永远不想听到在同学犯错时，学生们的笑声——嘲笑会破坏学习社区。

钻石守则：你想要学生将注意力始终放在目标上，而不是放在其他地方。

当你看到一个或多个学生反复违反你所选择的“今日课堂守则”

（这个课堂守则已经练习了11个星期了）时，要向学生解释，你已经注意到了那些需要在课堂上练习如何飞得更高、更完美的同学，并在飞行学校的圆圈里放上一个“X”。把关注点从错误的行为上移开，对学生说一些神秘的话，比如，“我的一个或者更多的朋友需要对‘今日课堂守则’进行更多的飞行练习。希望你们像猎豹甚至黑枪鱼一样遵守课堂守则！”

让每个人都好奇地想要知道你在说谁。不要盯着你意指的学生看，盯着你心爱的淘气鬼只会让他们更赖皮。

如果其他学生也犯了类似的错误，请在黑板的圆圈内增加更多的“X”。不要责骂！只需要增加“X”！

如果你选择课堂守则一作为课堂练习的目标，下面是一个与此有关的示例。

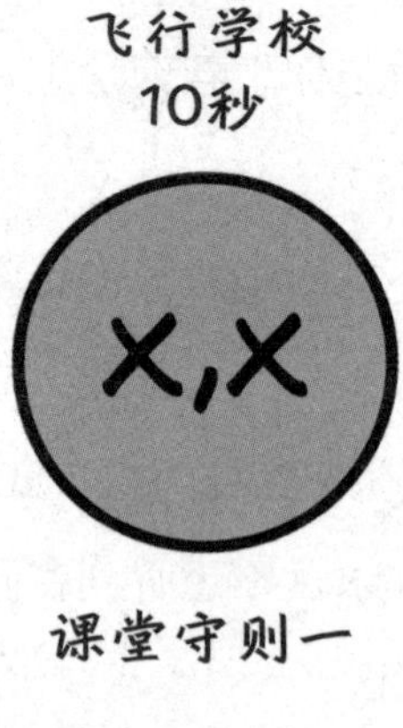

在午餐时间或者第二次课间休息的时候，把这些犯错误的学生拉到一边，然后对他们说：“我并不是生你们的气。我们通过练习来进行学习。这可以让我们学会足球、篮球、电子游戏、阅读、数学以及一切需要学习的东西。在这个班级里，你们需要更多的课堂守则练习。如果你们参加一个运动俱乐部，你们就会知道良好、艰苦练习的重要性。在我们班级里，我们的练习将会让猎豹感到骄傲！"

然后，在你注视学生的10秒钟里，飞行练习者们静静地练习着"今日课堂守则"的手势——沉默是非常重要的，你肯定不想要一个吵闹的飞行学校。最开始的惩罚必须是简短的，最好以周为单位，将练习时间增加到10秒，最多不能超过两分钟。试着挥舞双臂120秒，你的手臂会感到非常累!

在你的游戏列表中，需要包含飞行学校之外的第二次课间休息时间，不管是否有人起草这个提案。

全脑教学课堂守则比赛，仍然是开启美好校园早晨的一个重要的方式。

游戏：飞行学校

1. 翻转

2. 早晨公告

3. 全脑教学课堂守则比赛

4. 数学事实

5. 课间休息

6. 科学兴趣小组

7. 午餐

8. 全脑教学课堂守则比赛

9. 写作

10. 课间休息：**飞行学校**

11. 阅读

12. 全脑教学课堂守则比赛：进步神速星！

13. 大扫除

14. 抄写员报告：计分板游戏

游戏2：练习卡片

对老师来说，这是一种奇怪但强有力的娱乐游戏；但对于学生来说，练习卡片是他们不想赢的一种游戏。当你的学生掌握了5个课堂守则以及钻石守则之后，你开始叫学生来检验他们的学习效果。例如，如果一个孩子违反了课堂守则二，你可以和全班学生说："狼速课堂守则二"，你的学生们大声回应："在开口说话前请举手。"持续进行这个练习，连续好几个星期，你会看到违反课堂守则的现象越来越少。然而，你很可能仍然会有需要额外练习的学生。

为了取代飞行学校，教师也可以用类似下面这种借书卡口袋一样的工具来展示学生的练习情况，在每一个口袋上标注每一名学生的姓名或者学号。

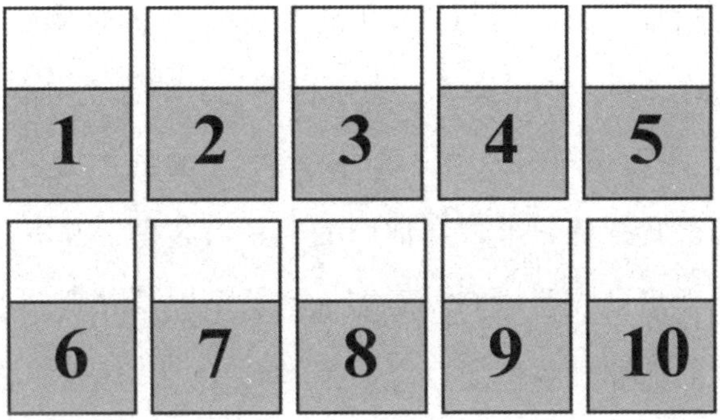

当一个课堂守则被破坏时，在学生练习袋的插槽里弹出一个带有课堂守则数字的白色练习卡片。

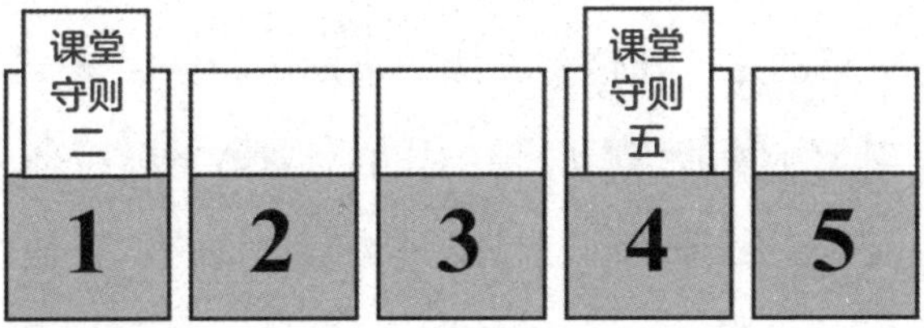

往常，我们建议在课间休息时间，挑选一些学生花两分钟默默练习课堂守则的手势。这些被挑选出来练习的学生在看着其他孩子玩耍的时候，对他们来说两分钟的时间非常非常长，就像永远没有尽头一样。

最近，我们用一种反直觉的策略——给那些违反课堂守则的学生更多而不是更少的选择，这个策略取得了巨大的成功。在传统教育中，调皮捣蛋的孩子会被严厉地批评、关禁闭、蹲墙角，除此之外，教师也没有别的选择！

我们相信那些具有挑战性的孩子们最需要的是实践自我评估，并做出聪明的选择。如果这看上去是合理的，那你就可以对学生说：“你们知道，课堂守则四‘做出聪明的选择’是我们最重要的课堂守则之一。如果我把练习卡放在你们的卡片口袋里，并不是表明我在生你们的气，只是表明你们需要多练习这个课堂守则。正如你们在班级里看到的那样，我们通过练习来学习一切！然而，你们每个人都知道自己是否需要一个较长或较短的课堂守则练习时间。你们是最了解自己的。因此，在课间休息时间，我会给你们30秒、60秒或者90秒的课堂守则手势练习时长。你们自己根据实际情况来自由进行选择，然后向我解释为什么你认为自己做出了一个聪明的选择。”

最令人惊讶的是，在这种方法的早期试验中，孩子们选择60秒的练习时长多于30秒的练习时长！我们难管教的学生似乎很喜欢这个版本的练习卡，因为他们自己就是参与塑造最适合他们的课堂守则练习的人。

无论你选择旧的还是新的课间休息策略，每天永远不要给任何一个学生两张以上的练习卡片。分段练习以及一连几天的简短练习比大量练习、更短天数里的更长练习所产生的学习效果要好得多。

给学生家里寄一张便条，说明学生违反了哪条课堂守则。如果学生没有带回家长签字的便条，那么学生需要在另外的一天做课堂守则练习。如果你很清楚，家长不关注学生的在校表现，不会在便条上签字，那么你可以给孩子指派一名在校监护人，把这张便条交给这个能够给孩子提供建议和安慰的人！这些举措教师可以视学生的情况而定。在校监护人的使用可以确保我们所有的学生在他们生命中至少有一个负责任的成年人。

大约一个月后，教师可以添加一张课堂守则卡，这张卡片表示学生成功的行为。当你看到孩子们遵守了以前很难遵守的课堂守则时，在他们的口袋里放上一张紫色的卡片。一张紫色的卡片可以取代一张白色的卡片！举个例子，蒂娜因为龟速执行课堂指令而得到了一张白色的课堂守则一练习卡片。可是，在剩下的练习时间里，蒂娜从龟速转变为猎豹的速度，她变成了得到紫色卡片的女孩，她不再需要在课间休息时间练习课堂守则！如果在一天快要结束的时候，学生得到的紫色卡片的数量超过白色卡片的数量，请给学生家里寄一张便条，表扬学生的进步。

游戏3：靶心游戏

你的最具挑战性的学生对处罚免疫，也不会受到同学压力的影响。当你完成前面我们提到的课堂管理时间表，而且依然在坚持的话，你就已经为靶心游戏做好充足的准备了。

请遵循以下步骤：

第一步：不管怎样，和你的难管教学生怀尔德·杰克建立一种交谈的关系。赞美他的鞋子，问问他最喜欢的音乐组合，听听他iPod里的音乐。在进入下一步之前的几个星期里都保持在谈话阶段。

第二步：在教室前面贴上一个大大的、有编号的靶心。

第三步：找到一个没有旁观者的安静的时间点，把杰克拉到一边，跟他说靶心游戏是只有你们俩参与的游戏。

第四步：解释靶心上的这些数字都代表学生哪些行为。5是一只游隼，代表最好的行为；0是一只乌龟，代表最糟糕的行为。讨论并模拟与演示每种行为。当你角色扮演他最坏的行为时，怀尔德·杰克会特别开心。

第五步：告诉你难管教的学生怀尔德·杰克，每天的学校生活结束的时候，他要写下他认为自己可以得到的分数；你也会写下你认为他应得的分数。如果这两个分数一样，杰克将得到2分。如果杰克的分数与你的分数相差1分，他最终得1分。其他的情况，他将一无所获。举个例子，杰克经历了糟糕的一天，他在教室地板上与莱昂纳多打架。他给自己一个0分，你也给了杰克0分，杰克最终赢得两分！

为什么？

也许这是杰克有生以来第一次承认自己表现得很糟糕，即使是成年人也很少会承认自己的错误。

告诉杰克，当他得到10分的时候，你会给他一个奖励——和你一起共进午餐（或者你认为能够增进你和你难管教学生关系的其他奖励）。

第六步：在一天快结束的时候，和杰克比较一下分数。当你给他一个0或1时，问他："家里发生了什么事？"这就为陷入麻烦的孩子打开了劝导之门。

第七步：谈论第二天的合理目标是什么；角色扮演海龟行为到

游隼行为。正如你所看到的一样，这个游戏的力量在于杰克收获了很多优秀的品质：诚实，勇于承担责任，从你的角度看世界。在他最糟糕的一天，通过你对他敢于承认自己错误行为的看法，杰克作为一个胜利者高兴地回家了。

在这个游戏中，你被这些可爱的“小坏蛋”们欺骗的唯一方式就是，当他们意识到当自己表现得很糟糕的时候，只要诚实依然可以拿到积分走人。当你看透学生这个计谋的时候，你要跟你的学生说："现在我们上升到'靶心游戏2'！我们把比分缩小到5～1。从现在开始，只要我认为你的行为是乌龟0分，你们最终的计分只能是0分。"

在对美国最具挑战性的孩子进行的长达20年的"靶心游戏"课堂测试中，教师们都取得了惊人的成功。一次又一次，极具挑战性的学生往往以惊人的速度变成了可爱的学生。

清单

☑ 飞行学校：训练难管教学生向着正确的方向飞翔。（优势：选择单一的课堂守则"今日课堂守则"，你依据你所相信的能最显著地改善课堂行为的原则来关注你的学生。）

☑ 练习卡片：扩大了学生课间休息练习的范围，涵盖了所有的课堂守则。（优势：卡片口袋将学生个人与具体的课堂守则联系起来，无须再费力去试图记住哪位学生做了什么。）

☑ 靶心游戏：鼓励我们最坚定的难管教学生进行自我评估。（优势：一个诚实的游戏比责骂学生更有可能改善学生的行为。）

- **全脑教学注意事项**

如果学生拒绝练习课堂守则，指导者应该回应："那是你的选择。按照我的方式练习30秒的时间，或者按照你的方式在60秒的时间里什么都不做。"

STEP 7

Activate PowerUps

第 7 步

激活内在的全脑力量

FAST TRACK

如果你愿意，可以在下面的教学方法中添加一些神奇的力量。我按照我的喜好排列出了这些神奇的力量。

你听到了什么神圣的音乐？

教学天堂的钟声响起了。

学生的平均努力程度

对于建立一个全脑教学团队来说，有一个可供选择但至关重要的力量，那就是每周计算一次学生的平均努力成绩（Student Effort Averages，SEA）。每到星期五，每一位教师都可以使用在线电子表格，根据学生遵循指示速度的快慢来给他们打5～0分。如果老师有多个班级，他们选择中等水平的班级——既不是最好的也不是最差的班级进行打分。

我们明白学校管理人员必须注重参与这项活动；我们认为学生的成绩是更好的目标。我们不需要那些礼貌“参与”的学生，我们需要一流的成绩，孩子们必须为此全力以赴。

每个星期，请参考如下的标准给孩子打分：

5分：尖子生领导者：在针对所有学生的所有课堂活动中，像榜样一样，以示范的速度遵循指令。尖子生领导者在全脑教学课堂上可以运用“集中注意力”“镜像词语”和“让学生当老师”等全脑教学方法来转述课堂内容（复习老师讲授的学习资料）。尖子生领导者会花几个月的时间来练习提高他们的学习能力。

4分：教师最爱的学生：一个高度投入的学生，几乎总能迅速遵循指令，并渴望参与课堂活动。一个班级如果一开始就有2～3名这样招人喜爱的学生，对于教师来说是非常幸运的一件事情。

3分：听话的学生：明显能够受到5分和4分学生积极行为的影响，遵循指令的时候速度一般，但经常不是很快。也许一个班级里有1/3至1/4的学生可以得3分。“普通的孩子”都属于这个类别。

2分：骑墙派学生：一个有趣的且不可预料的学生，前一分钟还在学习状态，下一秒就想着出去吃午饭。在遵循课堂指令方面，经常需要教师鼓励，但对教师的要求会有一点抗拒。许多班级独立自主的学生和骑墙派学生所占的比例差不多，大概占整个班级人数的1/3至1/4。

1分：难管教学生：一个具有挑战性的孩子，很少快速遵循课堂指令，顶嘴，或者封闭起来不对人敞开心扉。尽管不能很好地配合教师指令，是一个抵触型学习者，却是一个没有攻击性的孩子。

0分：制造惊吓的学生：未经允许就在教室里随意游荡，有袭击同学或教师的记录，不断威胁课堂。

评分关键：如果在两个评分之间犹豫不决，请始终选择低分数，学生的分数越低，就越能避免分数膨胀。

教师每一个星期都使用电子表格，计算团队的总得分，然后除以学生数量，得出他们的平均分。例如，在第一个星期，马埃斯特拉女士班级的总分为72分，共有30名学生，她班级的学生平均努力成绩就是2.4（72/30），这是一个相当高的起始数字。

缺乏学生努力程度的衡量，就不可能知道班级学生的行为是否正在改善、衰退或停滞不前。一次又一次老师们告诉我们，他们认为到11月份的时候学生成绩都有可能毫无进展，直到他们看到学生9月份的成绩，他们才改变这种看法。跟踪学生的平均努力成绩就能及时看见学生的进步。

头八个星期的合理目标是将班级的平均努力成绩增加2。这就意味着在一学年的10个月里，每个学生的平均努力成绩都要得到普遍提高。你的4分学生要变成5分学生，3分学生要上升到4分……甚至你的制造惊吓的学生要上升到难管教学生。

三个关键要点

● （再次）当你在高分和低分之间犹豫不决时，请始终给学生那个较低的分数。避免分数膨胀。

● 保持“整体”得分。在评估每周的学生平均努力成绩时，不要盯着单个学生先前的分数。

● 所有教师都能访问的在线电子表格可以极大地简化数字运算。

每一个教师计算出来的班级平均努力成绩都要交给校长，校长的电子表格汇总所有的平均值，并除以教师的数量。这就产生了在校学生平均努力成绩（Campus Student Effort Average，CSEA）。

在校学生平均努力成绩取代了考勤、迟到、人口数据、阅读和数学成绩，季度标准化测试、课堂观察评估的信息描述，在校学生平均努力成绩是对学校教育的生命力最简单、最清晰的描述。随着在校学生平均努力成绩的提高，学生的学习效果也将随之提升。

在校学生平均努力成绩要达到3或更高是非常有难度的，但也是可以通过努力达到的目标，通常需要几个月才能实现。说实话，我们几乎从来没有见过在校学生平均努力成绩达到4的。

如果初始的在校学生平均努力成绩为1.5或更低，则是不正常的。通常情况下，初始的在校学生平均努力成绩得分越低，教师的评估就越真实。

一个重要的关键点：培养“上进生”

坦率地讲，提高学生平均努力成绩和改善整体课堂气氛的一个最简单、最有力的策略就是与那些对你微笑的学生建立良好的关系——那些渴望与他们亲爱的教师快速建立亲密关系的孩子——我们称为“上进生”。无论课前、课间还是课后，抑或是在教学楼大厅或者走廊上，你都要时刻关注与学生交谈的时机，随时抓住机会和他们交谈。让这些优秀的学生知道他们是你教学生活的乐趣之一。解决问题的第一步就是先解决容易解决的。不管是5分学生还是0分学生，请帮助那些愿意上进的学生更上一层楼。不要放弃任何学生。对于那些0分学生和1分学生，教师小小的额外关注，即便只是每天简短的交谈，通常也可以把这些被烦恼缠绕的心灵提升到更高的层次。尽管你一直很忙，但是你还是需要抽出时间来关注三到五个孩子。每一个星期都要改变你的焦点小组：几个月之后，你就可以感动你很多的学生了，甚至会有20～30个学生被你感动。

请找到那些渴望和你建立良好关系的学生，和他们建立个人联系，并耐心培养这些“上进生”。

动动脑游戏

动动脑游戏图片是指手势图片，每张图片代表一个关键的批判性思维和写作概念。在全脑教学网站（https://www.teacherspayteachers.com/Product/The-Brainy-Game-2695285）上有一本200页的电子书，在动动脑益智游戏中你会发现对这个以大脑为基础的教学系统的详细描述。

下载这个动动脑游戏，并给每一个学生一张双面的薄卡片，你可以复制下图。一边列出手势和术语，另一边只显示手势。由此，你创建了世界上最大的便于测验和复习的教学卡片。

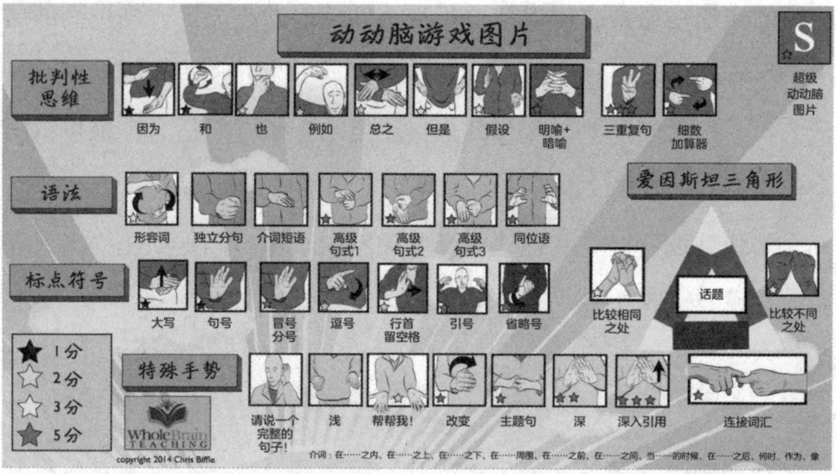

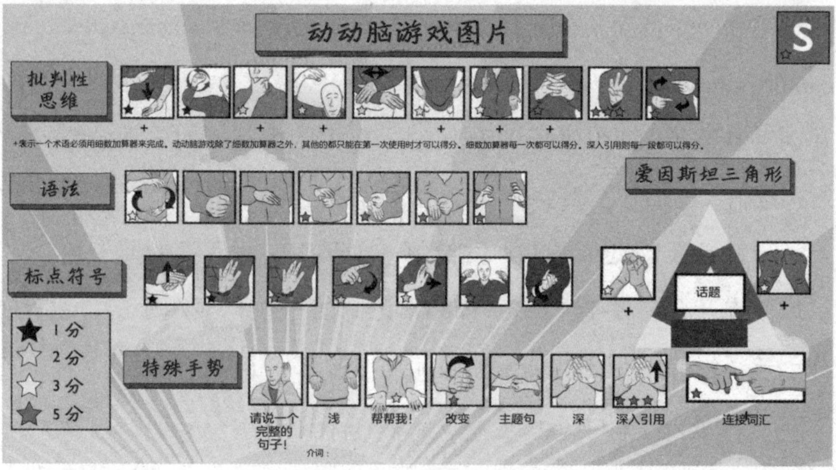

动动脑游戏的图片集合是一个完整的批判性思维/写作系统，这在上边的两张图片上已经显示得一览无余！

选择你想让你的孩子学习的动动脑游戏图片。在幼儿园，学生一年可以掌握15～20个手势。一年级到三年级的学生通常可以在圣诞节前学会大部分的动动脑游戏图片手势，年纪大的学生在几个星期之内就可以掌握动动脑游戏图片手势。

动动脑游戏图片描述了大量的关键概念。

批判性思维：因为、和、也、例如、总之、但是、假设、明喻+暗喻、三重复句、细数加算器

语法：形容词、独立分句、介词短语、三种复合句、同位语

标点符号：大写、句号、冒号、分号、逗号、行首留空格、引号、省略号。

挑出一两个动动脑游戏图片作为当天练习的重点。当你教的时候，做出这些图片对应的手势。例如，当你在一节很短的课文里开始教每一个句子时，如果你选择了大写字母的动动脑图片，你就要做出大写字母的手势（将一只手举到另一只手的上面）。

当学生相互教彼此的时候，你可以要求孩子们选择大脑游戏图片。阅读、写作、任何涉及语言的课堂活动都可以为动动脑游戏提供练习的机会。在使用“让学生当老师”这一教学策略进行合作学习活动时，请一定要强调动动脑游戏的重要性。孩子们相互使用动动脑游戏中的符号语言来解释你的课程内容。

在传统教育中，当我们使用“大写字母”“形容词”或“介词”这样的术语时，它们所表达的概念是模糊不清、难以理解的。介词到底是什么？然而，当我们用卡通手势来表示这些术语时，概念被转换成一种有趣的视觉语言。动动脑游戏图片将大脑中三个最强大的学习区域激活了：视觉皮层（视觉）、运动皮层（运动）和边缘

系统（情感）。一以贯之，积极运用大脑将培养学生的批判性思维、演讲以及写作天赋。

海蒂·马丁展示了七个关键的动动脑图片手势，详情可参见网站https://www.youtube.com/watch?v=8VNzKpuyl5E。

鼓励学生寻找人生榜样

尽管我们在迈向教学天堂的第2步中提到过“首领雄鹰”的星期一，这个方法的力量非常强大，让我们回顾一下这个方法，并添加更多的细节。

“首领雄鹰”是一个能用他的生命激励我们的人，他可以帮助我们提升自己最高的道德境界。

作为领导力美德教育的重要部分，你可以和你的班级谈谈关于你认识或者你喜欢的世界著名领袖，例如马丁·路德·金、罗莎·帕克斯、甘地或者凯萨·查维斯。清晰地向学生表明海龟与游隼之间存在着巨大的距离，然后指着教室对面墙上的进步神速者展示板，看着鼓舞你的精神领袖的照片，和大家充满激情地慢慢地谈论这个人对你的意义。你会看到一些学生的脸上闪着好奇的光亮。

真正伟大的领导能力，无论从政治的还是个人的角度来说，都远远超过游隼的力量，这看上去像一个奇迹，一个可以仿效的奇迹。

说从今往后，每一个星期一都将是“首领雄鹰”的星期一。鼓励学生把自己心目中的英雄的照片贴到“首领雄鹰”照片墙上，并且让学生识别他们的个人英雄，这个英雄可以是一个鼓舞人心的家庭成员、朋友、熟人，也可以是著名的领导人。

“首领雄鹰”

假设你在“首领雄鹰”照片墙上挂了一张你深爱的妈妈的照片；当星期一到来的时候，你可以站着这样说：“我为我妈妈感到骄傲。她是我的灵魂榜样，她的爱、忠诚与坚强一直深深地影响着我。在这一个星期里，我将全身心地投入教学中，竭尽全力教导你们，我亲爱的学生，我要用这种方式让她感到骄傲。”

做出这样的陈述，将向你的学生表明，你对他们的承诺有多深，在这一整个星期里，它将不断地提醒你，在你妈妈的眼皮底下，它将给你最好的指引。

鼓励孩子们在“首领雄鹰”照片墙上挂满那些改变了他们生活的杰出人物的照片。作为一个额外的步骤，在不给任何人施加压力的情况下，请在每一个星期一都给孩子们提供机会，让他们选择自己的灵魂榜样。如果学生需要帮助，让他们用这句话开始他们对灵魂榜样的献辞：“我为__________感到骄傲。她是我的灵魂榜样，她的__________一直深深地影响着我。”

在学生公开发表了对自己的灵魂榜样的献辞之后，你会在一些学生身上看到巨大的性格变化，他们还会在他们鼓舞人心的英雄的注视下，积极参与课堂学习。

“首领雄鹰”照片墙将让你的教室变成一个具有个性化的道德名人堂。“首领雄鹰”的星期一是你的学生对改变他们人生的领袖的一场持续的庆祝。

复合式镜像模拟

在全脑教学体系中，我们使用三种类型的镜像模拟。在镜像词语游戏中，学生们模拟我们说的话，并模仿我们的手势。在沉默镜像模拟游戏中，学生们模仿我们的手势，但保持沉默。在魔法镜像模拟游戏中，学生们模仿我们说的话，但创造他们自己的手势。

再来玩一次！

镜像词语游戏：你说话，并做出相应的手势；你的学生重复你的话，并模仿你的手势。

沉默镜像模拟游戏：你说话，并做出相应的手势；你的学生不说话，但模仿你的手势。

魔法镜像模拟游戏：你说话，但不做手势；你的学生重复你的话，并创造自己的手势。

沉默镜像模拟游戏的特殊功能是能够让学生提高他们的倾听技巧。他们会高度关注你所说的话，并做好准备把你所教的课程内容教给他们的邻座。

在魔法镜像模拟游戏中，你慢慢地说话，双手放在身后，不做任何手势。孩子们会重复你的话，但他们同时还会创造自己的手势。因此，如果你在讲一个登山探险的故事，孩子们就会在空中比划出他们自己想象的山，他们会创造性地发明手势来阐述你所讲的故事的关键时刻。如果你们在讨论澳大利亚原住民的生活，学生们会利用发明的手势来阐述你对生命的描述。魔法镜像模拟游戏还可以做一个非常棒的变化，那就是让一个你班级里最活泼的学生站在你身边。你说话的时候，她创造她自己的手势，她的手势完全可以让整个班级的学生来模仿。

你的班级里有渴望被关注的难管教学生吗？和她谈谈，你可以和她说："如果你是魔法镜像游戏中的领袖，我很想看看你设计的手势。如果你能稍微更好地遵循一下钻石课堂守则的话，我会让你成为魔法镜像游戏中的领袖。在课间休息期间，只要你愿意，你随时可以提醒我你在钻石课堂规则上做得有多好。"

社区建设者：你仍然很酷

对学术和社会发展来说，最重要的一课就是让学生明白错误是不可避免的，并立刻给予有效的支持。无论如何，当一个叫怀尔德·杰克的孩子在任何练习中出错，例如，把6和7相加，然后得到结果是12的时候，你都可以跟全班学生说："告诉杰克，你仍然很酷！"孩子们会高兴地回应："你仍然很酷！"随后，你纠正杰克的错误；他修正自己的答案，生活依然继续愉快地进行着。如果学生害怕失败，就没有人能够进步。

作为“赞扬正确答案”的一种替代方式，教师选择了赞扬学生努力提高自己认知范围的积极行为。为了给杰克一个小小的奖励，老师可以对全班学生说：“五个手指，哇！”孩子们伸出五根手指指向这个获得了正确答案的快乐的孩子，大家挥舞着手指，欢呼道：“哇！”学生努力提升认知水平的出色表现可以带来10次、15次甚至20次这样的伸出手指欢呼“哇”的庆祝行为。

无论如何，当学生遇到困难时，例如塔莎被叫起来回答问题，但是她头脑一片空白时，她都可以向同学们伸出双臂，喊道：“帮帮我！”周围的孩子此时都会冲到塔莎身边，为她提供帮助。当她得到了足够多的建议时，塔莎可以说：“上课！”所有的帮手都要跑回他们的座位，然后塔莎继续回答她的问题。

游隼进步游戏

勤奋的孩子们可以在游隼进步游戏（如，全校范围的艺术、书法、写作和数学比赛）中获得很多的进步神速星。这将解放大量的课堂时间，因为所有的游戏都是在家里完成的！

每次比赛都要重复执行相同的任务，每一个游戏版本都要比之前的版本有明显的改进。因此，正如你所猜到的那样，游隼进步游戏带来的是学生不断成长进步的回报，而不是对学生自身能力的测验。

游隼艺术：在家里，学生们画四次同样主题的画。每一次画的画都比之前的更详细，比例更严谨，而且颜色更有艺术感。这个学习项目的画稿提交给教师后，教师为每一个在画画方面有明显进步的学生奖励3颗超级进步星（有的学生可能会得到9颗超级进步星）。游隼艺术这个游戏可以作为一年期的比赛持续下来；教师可以引导学生针对每一个项目选择新的主题。

游隼书写：在家里，学生们写四遍下面的英文句子。

The quick fox jumped over the lazy, brown dog。

学生每写一遍句子都比前一遍更整洁。这个英文句子包含了字母表中的每一个字母。游隼书写游戏的比赛得分与游隼艺术的得分规则一样，每一个在书写方面有明显进步的学生都可以获得三颗进步星。随着时间的推移，当学生书写陷入老套且草率的习惯时，教师就要开始更长段落的新的书写比赛。

游隼说服性主题句：在家里，学生完成四次下列的句子框架。

__________因为__________，__________，和__________。

每一次完成的句子都比之前的更灵活，每一次完成的句子都会有一个新的主题，并且下划线上填写的都是以前没用过的词语。当然，每一个句子在语法上都是正确的。确保整个句子中没有重叠的原因。例如，

足球是一项伟大的运动，因为它有趣、好玩以及能够很好地锻炼身体。

词语“有趣”和“好玩”相互重叠，因此，针对“足球之所以伟大”，这个句子只提供了两个而不是三个原因。更好的句子应该是：

足球是一项伟大的运动，因为它有趣，全世界都在玩以及能够很好地锻炼身体。

这个比赛也可以在整个学年中不断重复进行，只需要简单地给学生列出新的写作主题。

游隼解释性主题句：和上面的游戏一样，但学生要完成四次下列的句子框架。

__________是__________，__________和__________。

在游隼解释性主题句的游戏竞赛中，学生必须避免使用意思重叠的词语。

游隼叙事散文：学生写四个故事，这四个故事中，都要包含完美且灵巧的长句子，而且话题要新颖。此外，每一个故事中的每一句话都要以一个以前没用过的词语开头。

游隼诗：学生写四首诗，这四首诗中，都要包含完美且灵巧的长句子，而且话题要新颖。此外，每首诗的每一句话都要以一个以前没用过的词语开头。

游隼故事问题：学生要写四个数学故事问题，每一个故事问题至少要包含一个插图。每一个问题都要包括解决步骤，而且每一个问题都要比前一个问题更难解决。

对于每一个比赛游戏来说，年级教师需要创建由第一次到第四次按序排列的答案草稿范例，每一个答案草稿的范例都要明显优于之前的范例。教师不能因为学生完成了一个游戏项目而奖励学生进步星，而要因为学生有了显著的进步才给予学生进步星。你这是在奖励学生很多进步星，不要过于宽松，要做一个非常严格的好教师。否则，你的学生们会忙于应付性地完成学习作业。

考虑到教师分发进步星的数量，年级教师团队必须为那些可能在通常课堂工作中超出20~25颗进步星的教师创建分发规则。例如，在这一个星期的游隼艺术比赛中，教师的预算可以增加到40~50颗进步星——教师要明白学生获得每颗星星都是因为他们显著的进步。如果进步星贴在学校自助餐厅里的进步神速者展示板上，那么在比赛结束后的星期五就要为下周一餐厅午餐时间学生们蜂拥而至的情况做好充足的准备。

特别是能够体现学生稳定进步的优秀项目应该贴在学校自助餐厅里的进步神速者展示板上。

这些比赛都包含了深思熟虑的修改，在大脑深处教会孩子们非常重要的一课：掌握学习任务是通过细心的重复来实现的。

学生们常常匆匆忙忙地完成作业，不幸的是，他们从来没有了解他们成长和进步的潜力。如果我们发现某个特别的学习活动会导致学生大脑损伤，国家一定会取缔它。每一次学生必须完成的草率、粗心、敷衍了事的作业，都会麻痹学生智力的发展。

50年前，我走进了我带的第一个班级。在这半个世纪里，教育有两大进步。我们发现了长期隐藏的关于大脑如何学习的秘密，并且将计算机引入了教室。这两件事其实都没有显著地提高学生的学习效率。25%的新生不能完成高中学业。在同一时期，电子游戏程序员们创造了有益于大脑的娱乐活动，并因此赚了数十亿美元。如果教育的进步能跟上数字游戏设计的进步节奏，那么在过去的50年里，我们将会看到学生智力的爆炸式增长。如果我们像玩电子游戏时那样让学生的整个大脑都参与到学习系统中来，学校将会是什么样子？

戏剧性地停顿。

再问一遍。

如果我们像玩电子游戏时那样让学生的整个大脑都参与到学习系统中来，学校将会是什么样子？

如果我们像玩电子游戏时那样让学生的整个大脑都参与到学习系统中来，然后幼儿园的孩子们将会写五段式作文、大学结构式论文……哦，等等！在全脑教学课堂里，学生们已经在做了！

全脑教学欢迎你来到本该早已到来的未来。

孵化你的小队长

每一个星期，在任何间歇时间、课间休息、午餐时间、放学前后，与3～5个孩子一起学习。给他们展示一种全脑教学技巧：集中注意力、镜像模拟法或者让学生当老师，并要求学生互相练习。当学生已经全部掌握了这三种方法时，他们要在课堂上使用这些教学策略来总结你的课程。将这些经过你培训的学生混合在班级里，并让他们当小队长，几个月后，通过培训，每个孩子都已经能够掌握这三种方法。奇妙的是，学生们会比你更关注他们的小队长。你就是坐在教室后面喝着多奶泡沫拿铁的老鹰派。在教学天堂里，拿铁咖啡是加了很多额外奶泡的。

二级领导力培训

虽然全脑教学的核心受众是K–5年级的教师，但是我与我的高年级学生们发现了全脑教学策略的强大力量。众多中学教师通过运用我们对待青少年的方法取得了惊人的成果。

为了大大简化教育青少年所面临的挑战，全脑教学的第一个次要目标是在每一个学生小组找到三至五名能够控制课堂气氛的学生领袖。学生领袖对你的任务支持力度越强，你的课程就越成功。利用生日游戏找到最受欢迎的学生，然后，从他们当中选出领头的学生领袖。

在你的目标班级（第一个阶段或班级教室）要求学生写下三名他们想要邀请来参加自己生日聚会的同学的名字，并交给你。跟学生可以说你的理由，那就是你正在考虑制作新的座位表（尽管事实上，这可能永远不会发生）。

整理好学生提交上来的名单，并将其带回家，在被邀请的学生名字上画箭头，出现一次画一个，箭头最多的学生就是最受欢迎的孩子。那些没被邀请的学生则不是这次需要考虑的范围。

你惊奇地盯着你的班级暗藏的社会结构。你会看到你永远看不到的东西，比如孩子们对成人隐藏的秘密。而且孩子们之间也经常彼此隐藏秘密！在第二天，你会惊觉你发现的这个信息的一个特别引人注意的应用。

曾试办过生日游戏的中学教师报告称，他们常常发现真正受欢迎学生的身份并不是那些表面上受欢迎的学生，这让他们感到非常震惊。生日游戏后的第二天，你可以这样说："培养你们的领导能力比我教你们的任何技能都更重要。从根本上说，这门课是领导力培训课。"

不要说你在尝试新事物！这会把学生变成怀疑论者，甚至更糟，会让学生变成批判者。

举行一个简短的（5～10分钟）讨论，主题是积极领导者和消极领导者之间的区别。在黑板上列出这两种人的特点。

让你足够高兴的是，你会注意到你的学生们对这两种类型领导者的描述也映射了你自己的理解。从根本上说，最好的领导者是为他人服务的，最差的领导者为自己服务。这里有个好消息：尽管你的经历与学生不同，但你们都生活在同一个美好善良的星球上。

讨论结束后，每位参与者都提交一张选票，提名三个最像杰出领袖的同学。努力帮助学生看到了好朋友和好领袖之间的区别，这是一个至关重要的教学要点。要有力地阐明好领袖的本质，你可以说："提名的那些学生，将成为弟弟或妹妹的积极榜样。"这将使你班级的学生远离那些古怪的游手好闲的朋友，靠近那些可靠的同学，他们信任像指导兄弟姐妹一样引导他们的人。

明确这是提名，不是选举。学生提名，你来进行最终选择。

快速推进。讨论和投票不应该超过15分钟。

当天晚上，在你的生日名册上给每一个赢得提名的学生打一个钩。现在，你就能看到那些很受欢迎的孩子们（通过生日游戏）和那些在学生心目中是榜样的孩子们（通过学生领袖提名）。利用你的直觉选出你目标班级的杰出领袖，你也许没有选择一个受欢迎的孩子或者一个有很多学生提名其为领袖的孩子，你只是选择了一个值得你信任并具有较强领导力的学生。

在一个完美的世界里有时候的确会存在完美的情况，你会发现一个非常受欢迎的学生就会有很多学生提名其为领袖，同时也是你可以信任的学生领袖。有时候世界的确是完美的。

接下来的两个星期，在黑板上写上一个或多个学生领袖的目标：

1. 完美地遵守一个课堂守则（在第4步中描述的课堂守则）。

2. 提问很棒的问题。

3. 提供复杂句式的答案。

4. 积极主动地和邻座一起解决问题（通过提问很棒的问题和提供复杂句式的答案）。

赞美那些进步的学生，尤其是那些每天完成一个或多个日常目标且进步很快的学生。针对实际情况来赞扬学生，而不是过度赞扬（不要用“太棒了！太不可思议了！太精彩了”这样的词汇来形容学生的表现）。每两个星期重复完成这个循环。

1. 积极—消极领袖讨论。

2. 学生提名/教师选拔学生领袖。

3. 每天在教室里张贴领导力目标。

4. 为实现目标的学生和学生领袖庆祝。慢慢地增加你的杰出学生领袖。

最终，通过实践快速通往教学天堂的第1步到第7步，让你的孩子在通往教学天堂的道路上走得更远。

新学年开始

生日游戏：在班级教室或者在第一个阶段，学生提交3名自己想邀请来参加生日聚会的同学

领导力目标

——完美地遵守一个课堂守则。
——提问很棒的问题。
——当被教师叫到时，提供复杂句式的答案。

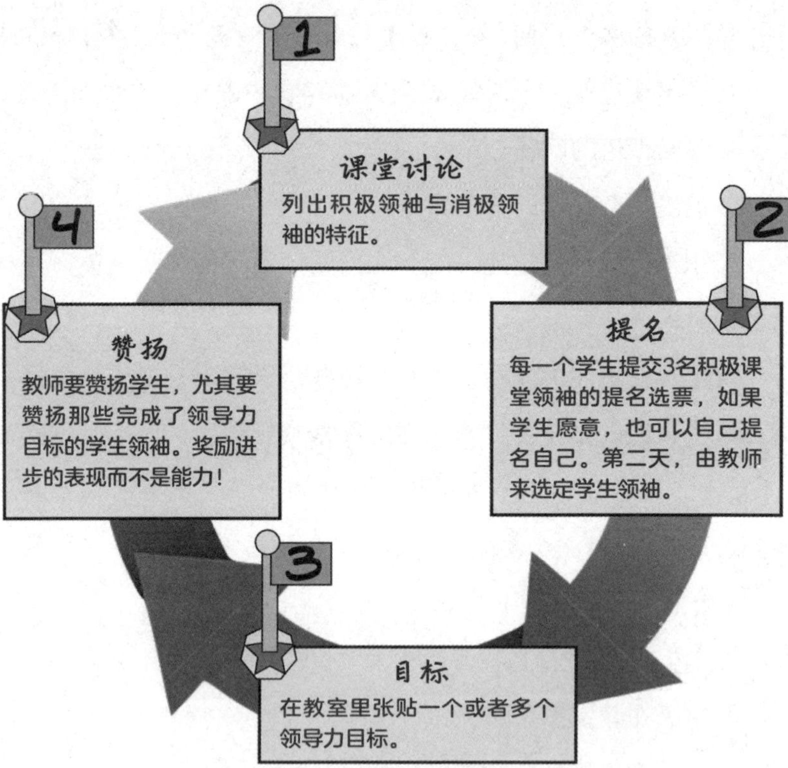

每两个星期重复完成这个循环。
持续增加对领导力团队的指导和赞扬。

MOVING FORWARD

The Crazy Big Social Media Prize

终点步骤

激活社交能量

FAST TRACK

让我们再来看看通往教学天堂的7个步骤。

第1步 唤醒动力：进步神速者游戏

第2步 品德元素：基础的课堂设置

第3步 掌握全脑教学的基础

第4步 游戏化的课堂守则

第5步 计分板游戏：释放无尽的课堂激励

第6步 改变可爱的捣蛋鬼们

第7步 激活内在的全脑力量

大多数教师可以在一个月左右的课堂实践中将第1～4步进行有效融合。启用学生抄写员，可以让你跟上第5步“计分板游戏”的进度。11月份，开始实施第6步中的飞行学校。然后，如有必要，在冬天和春天继续练习卡片和靶心游戏。全年都可以实施激活力量的方法！

从这里开始，在游戏列表中你希望的任何地方插入激活力量的方法、游戏以及热点，设计你自己的全脑教学系统。

这里是梯子，向着教学天堂攀爬吧。

1. 翻转

2. 早晨公告

3. **游戏**__________

4. 教学活动1：**热点：**__________

5. 课间休息

6. 教学活动2

7. 午餐

8. **激活力量的方法**__________

9. 教学活动3

10. 教学活动4：**热点：**__________

11. 课间休息

12. 教学活动5

13. **游戏**__________

14. 大扫除

15. **抄写报告：**__________（让学生记录下任何你们正在练习的全脑教学技能所得的分数）

俏皮话比赛

如果我们不能把Youtube、Snapchat、Instagram、Electro-Whatever融入我们的教学系统，特别是进步神速者游戏，那么我们就错失了学生生命中最具魔力的磁场。

几年前，在一次会议上，我向全脑教学的联合创始人克里斯·瑞克斯坦德发起了挑战，我们进行了一个积极的口水战比赛。

约定比赛规则的时候，我说："好吧，我要告诉你，你是多么伟大，多么美妙，多么令人惊奇。你要试着超过我……请你用最响亮的声音说出我是如此的伟大，如此的美妙，如此的令人惊奇！"

于是，我们面对面，为彼此大力地叫好，声音听起来像这样：

你是多么伟大，多么美妙，多么令人惊奇。我完全无法和你相提并论。你是如此高大又如此聪明。每个人都那么喜欢你。你是如此可爱，连马路上车里的乘客都会停下来给你飞吻。没有人能像你这样教学。哦，你是如此风趣，我晚上想到你的笑话都会笑。我有没有提过你真的非常聪明！

这样的比赛真是令人捧腹。想到这里，我咯咯地笑了。

这个世界现在需要的就是积极的俏皮话。

所以，当一个学生在进步神速者游戏中取得巨大进步时，他在学术技能或社交行为方面也取得了惊人的进步，这时校长突然走进教室。老师给这场积极俏皮话比赛录像30秒，这个天才孩子和校长不遗余力地相互夸赞。然后，整个滑稽又有趣的积极俏皮话比赛过程被上传到了社交媒体上。

如果这个天才孩子有点害羞，她可以提名一个替代者（这里有许多学生渴望成为志愿者）代表她参加积极俏皮话比赛。

在夜幕降临之前，学校里的每一个孩子都会上网，他们渴望在进步神速者游戏中获得惊人的进步，赢得超级进步星，并在下一个滑稽又有趣的积极俏皮话比赛中承担主要角色。

什么是令人惊讶的班级社交媒体大奖？即时的网络成名的积极俏皮话。

鼓励孩子们在课间休息时练习积极俏皮话。在教学天堂里，这些滑稽有趣的事情整天都在发生。

作者简介

克里斯·比弗尔

美国全脑教师协会会长，他于1967年开始自己的教育生涯，在过去的五十多年中，克里斯得到美国教育部和美国国家人文基金会的资助，进行依托于哈佛大学的珀尔修斯项目。不仅如此，他还在多次出现在广播和电视节目中。

他主持过100多个将近有20000名教师参加的国际性全脑教学会议，并收集了众多来自一线教师的教学方法。世界各国成千上万的教师在全脑教学网站上学习教学方法。

他还撰写了7本关于阅读与写作、批判性思维的著作，代表作《全脑教学：影响全球300万教师的教学指导书》《全脑教学与成长型思维教学》是风靡全球的畅销书。

《全脑教学：影响全球300万教师的教学指导书》

作 者：（美）克里斯·比弗尔
ISBN：9787515323169
开 本：16
页 码：288
定 价：38.00元

★ 入选中国教育新闻网2015年度“影响教师的100本书”
★ 彻底告别填鸭式教学，培养学生的最佳学习力、最强专注力、最惊人记忆力
★ 将脑科学转化为最具操作性的教学方法，全方位激发学生的左右脑，整合学生的听觉、视觉、记忆、情感、理智等，创造性地培养出心智俱佳的“全脑学生”

据教师反馈，全脑教学有着惊人的成效：
★ 学生的不良行为（托腮、趴在桌子上、抱怨、发呆、开小差、离开座位）下降了50%
★ 学生的阅读成绩在三个月内提高了12%，数学成绩提高了28%
★ 学生的综合成绩比普通学生高20%~30%
★ 两年时间内，学生记过处分和停课的数量下降了50%

全脑教学是一项源于基层的教育改革运动，被誉为全球发展最为迅速的教育改革运动，它受到了美国以及世界各地30个国家的教师们的推崇！

全脑教学提倡：将脑科学转化为最具操作性的教学方法，全方位激发学生的左右脑，整合学生的听觉、视觉、记忆、情感、理智等，创造性地培养出心智俱佳的“全脑学生”。

全脑教学与成长型思维教学：提高学生学习力的92个课堂游戏

作 者：（美）克里斯·比弗尔

ISBN：9787515349466

开 本：16

页 码：240

定 价：39.00元

★ 全球规模最大、发展最迅速的教育改革运动

★ 影响全球500万教师的教学指导书

★ 92个让学生高度参与的教学游戏，涵盖了数学、科学、语言、阅读、写作、考试等多个学习领域，让孩子们真正享受学习乐趣，快速提高学习力

★ 将脑科学转化为最具操作性的教学方法，全方位激发学生的左右脑，整合学生的听觉、视觉、记忆、情感、理智等，创造性地运用成长型思维教学模式，培养心智俱佳的“全脑学生”

为什么教师要进行成长型思维教学?

德韦克研究表明，固定型思维的学生，即使是最优秀的孩子，他们的学习能力也会下降，因为他们不擅长培养自己克服困难、获得进步的能力。成长型思维的学生渴望新的任务，勇于挑战，看得见自己的进步。在全脑教学中，教师最重要的任务就是尽最大努力表扬学生的进步，鼓励学生勇于突破自己，培养学生的成长型思维，让学生积极主动地学习新知识、新技能。

成长型思维模式能够让学生懂得大脑的本质：大脑就像“肌肉”一样，可以通过不断练习得以增强。这很容易让学生信心满满，对学习充满热情，并对学习效果充满成就感。